名师系列

我的校本教育思考

WODE XIAOBEN JIAOYU SIKAO

邓树栋 著

黄河出版传媒集团
阳光出版社

图书在版编目（CIP）数据

我的校本教育思考 / 邓树栋著. -- 银川:阳光出版社, 2023.11
ISBN 978-7-5525-7099-1

Ⅰ. ①我… Ⅱ. ①邓… Ⅲ. ①教育工作 Ⅳ. ①G4

中国国家版本馆CIP数据核字(2023)第216799号

我的校本教育思考 邓树栋 著

名师系列策划 赵维娟 申 佳
责任编辑 申 佳
封面设计 石 磊
责任印制 岳建宁

黄河出版传媒集团
阳光出版社 出版发行

出 版 人 薛文斌
地 址 宁夏银川市北京东路139号出版大厦（750001）
网 址 http://www.ygchbs.com
网上书店 http://shop129132959.taobao.com
电子信箱 yangguangchubanshe@163.com
邮购电话 0951-5047283
经 销 全国新华书店
印刷装订 三河市嵩川印刷有限公司
印刷委托书号 （宁）0028413

开 本 710 mm × 1000 mm 1/16
印 张 11.25
字 数 180千字
版 次 2023年11月第1版
印 次 2023年11月第1次印刷
书 号 ISBN 978-7-5525-7099-1
定 价 48.00元

序一

千淘万漉虽辛苦　吹尽狂沙始到金

读了邓树栋著的《我的校本教育思考》，我的教育思绪被打开。一位中学老师，敢于把自己的教育思想总结概括出来，呈现于文本，并明确自己的奋斗目标：“我要做个教育家。”这不仅需要勤奋、认真、投入，而且需要勇气和自信。从事基础教育的老师，总认为做学问、当教育家的要求太高，难以企及，这恰恰是我们的软肋。邓树栋从步入基础教育工作的那天起，从山区到市区，从普通老师到校长，一步一个脚印，深耕于基础教育领域，把自己对教育的理解写成书，对中小学老师是一个启发。他的作为，印证了“要当教育家，不做教书匠”是可以做到的。我从事了一辈子的教育工作，对这句话有深切的认同感：当一位老师，步入教坛，有这个目标和志向，将惠及多少学子！

我和作者共事17年，分开后，我们不时有交往，彼此都在关心对方的发展。他把《我的校本教育思考》手稿给我后，最触动我的是第一辑的题目“我要做个教育家”。能否成为人们心中的教育家是一回事，有无这个想法和目标是另一回事。我曾经给自己定位，我要做个教育家，可惜我没有做到，但不影响我对教育的理解、追求；我当校长，要求我的老师要有教育情怀，只要钟情于教育，一辈子从事教育工作，不断钻研、探寻教育规律，形成文字，对教育工作有自己的理解并付诸行动，在我心目中，他就是教育家。

有人会说，历史上能称为教育家的没几个人，能被称为教育家的一定是影响了一个时代，有鸿篇巨制、独到见解、名言流传于世的伟人。恰恰是这种思维方式限制了从事基础教育工作的我们，只专注于教书，当了一辈子老师，勤勤恳恳，缺乏对教育规律的梳理和探究。殊不知，一个时代有一个时代的教育家，一个地域有一个地域的教育家，甚至一个学校也有一个学校的教育家。“我要做个教育家”的可贵之处，就在于不受这种思维的束缚，用自己一辈子的教育情怀，践行对教育理想的追求。

我所熟悉的邓树栋，不善于在大庭广众下表达自己，但有一股韧劲，遇事沉稳，给人的第一印象似在思考。记得他把他的第一篇论文给我看，文章语言和结构有待提高，没想到后来，他的一篇篇论文在校刊、报刊上陆续发表，并有专著出版。每到一所学校，无论在哪个岗位，他都有自己的思考和见解：在固原二中任教科室主任、副校长，比较初中预备班和六年级的不同；在六盘山高级中学任教，撰写《教学目标校本化：学段分级，底线上移》，发表在《中小学管理》上，被人大书报资料中心《中小学教育》全文转载；在宁大附中任党委书记，把在六盘山高级中学提出的“第二父母”付诸行动；在育才中学任校长两年，根据寄宿制学校的特点，把“确保学生睡一夜安静觉，吃一顿健康饭，过一个有意义的周末”作为自己的行动方向；“校湖一体，环境育人，以文化人”又是他在新的环境中的又一思考。读他的文章，给我留下深刻的印象，就在于他不断地反思面对新的环境、不同的学生，应该怎样做，才能获得最好的教学效果。这是从事基础教育的老师最可贵的思维品质。

我们平时常说：“要给学生一杯水，自己要有一桶水。”既要有知识的广度，更要有思维深度和高度。基础教育的12年，孩子从认字、简单计算的学习习惯养成开始，到对常识的理解和掌握，再到思维训练，要求老师的教学能力不断提升。这个过程，正是老师学习的过程，也是一位老师教育思想成熟的过程。只有树立“我要做个教育家”的远景目标，才肯吃别人吃不了的苦，耐得住寂寞，孜孜不倦地探索。“我要做个教育家”，是一个学习的过程、探究的过程，是对自己一个高标准的要求：不当一个平庸的老师，不是为了出名、流芳百世，就是喜欢教育，认定自己当一名老师，最符合自己的性格。这种最朴实、最真诚的想法，成就了他在宁夏教育领域的影响和地位，但这付出了十二分的汗水。

我很感慨他与妻子的一段对话。妻子问他："每天早起晚归，难道不愁吗？"他随口答道："没感觉到愁。"当老师，早起晚归成了职业习惯，尤其是担任学校领导，不知愁之滋味。"我要做一个教育家"，不愁，但有苦。妻子说愁是苦的意思。他对教育的思考，是在过程中点滴积累的，业余时间形成思路，用心整理，最后点石成金。没有这个苦，哪有几十篇论文的发表、两部专著的出版！最有价值的是他在几十年的教育生涯中对教育的执着追求。他把苦转化成乐，观察、思考、积累，形成文字，被同行认同、社会认可。他在追求人生意义的最大化，苦在过程，乐在其中。

他生在农村，上高中之前长在农村，对农村孩子有一种特殊的共情心理。从教后，他所在学校农村户口的学生占大多数。农村孩子早教的不足、留守儿童的增多及进城寄宿生与家庭直接联系的减少，给农村学生心理疏导和学习成绩提升带来了一系列问题。当我看到"第二父母行动"在六盘山高级中学萌发，宁大附中实施，再到育才中学进一步完善，就想到"一个学生遇到好老师是人生的幸运""一个好校长就是一所好学校"的至理名言。"第二父母行动"的最大价值是陪伴。孩子在未成年之前，教育的真谛在于陪伴。父母陪伴孩子成长，教师也在陪伴孩子成长。邓校长根据寄宿制住校生的特点，明确提出"第二父母行动"，走到哪里，带到哪里，从内涵上挖掘、思想上引领、制度上健全，足见他对农村孩子的特殊感情。"第二父母"不是简单的接触，而是感情上的融合，如同父母一样陪伴。真诚的情感投入带来的正是爱的教育。

和我共事过的评上正高职称的老师超过 10 人，获得国家级表彰的有 3 人，邓树栋都在其中。在这些老师中，专注于教育、教改研究，发表论文几十篇，出版专著两本的唯有他一人。他曾问我何时出书，我用对教育的理解和自己的文化积淀不足搪塞，实际上还是懒，功夫不到家。我佩服他的勤奋、吃苦精神。他对陶行知“知行合一”的理解和实践是很到位的。他从教师到中层干部，再到校级领导，不管走到哪里，总能获得同事的信任；任副职，角色意识清晰；临近退休，八年倒计时走上一校之长的岗位，放开手脚实践自己的教育理念。

祝贺该书出版，期待邓树栋退休后保持对教育的执着探究，写出更有深度、见地的文章与著作。

2023 年 5 月于银川

序二

潜心教育 执着追梦

我工作近40年，当副校长、书记、校长20多年。无论当物理老师，还是从事学校管理工作，我都有写学习笔记的习惯。可以说，我工作的每一天，几乎都对学校重大事件进行了记录与点评。闲暇居家的日子，翻看我的这些“百科全书”似的学习笔记，仿佛翻开了我的奋斗史、成长史、成就史，以前的工作、生活情景一一浮现在眼前。学习笔记中的“学习”栏目，记录的是我随时随地学习的过程；“思考”栏目，记录了我对学习的体会、对某些问题的思考及自己的观点等；“写作”栏目，涉及写作提纲、教育故事、论文初稿等。笔记中记录了大量的观点，其中有些观点在教育教学中、管理中起到过积极作用，并且已提炼、总结成了“思想”。于是，突发奇想，我何不把自己的“思考”梳理一下，归归类，总结成书呢？我知道这一决定意味着什么，近两年所有的业余时间、节假日都会“陷入”书稿中，花去我大量的时间和精力，同时也在其中获得跨越式提升，苦并快乐着，这点我在2012年撰写《十年课改我们走了多远——我亲身经历的高中课改》时深有感触。2021年11月我有了著书的构思；2022年10月我完成了本书的初稿。我自感愉悦而充实，没有虚度时光，一遍又一遍读、改书稿自感提升了不少。

《我的校本教育思考》是以介绍自己的思想（好多是想法不能称作思想，为方便表述暂且叫思想吧）为主线，以自己不同时期发表或未发表的有时代意义的文章为载体，采取自叙与代表作品相结合、相互穿插的方式，旨在梳理自己的思想以及这些思想对我个人的成长和对学校教育教学、管理所起的作用。自传体书籍以前我看过一些，其中胡适的《介绍我自己的思想》让我印象深，对我撰写《我的校本教育思考》有很大参考价值。《人生》中说“你不必为了别人而改变自己”，我认同这一观点。《我的校本教育思考》正是用来表述我自己提出的且适合本校教育实际的校本教育思想。

全书由“我要做个教育家”“我的校本教育思想”“求解‘知行合一’最大值”“媒体如此说”4个部分组成。

“我要做个教育家”部分，贯穿这样一条主线：一个人的学习史、思考史、实践史就是个人的奋斗史、进步史。历代名人志士、有成就之人，甚至那些孜孜奋斗、默默无闻的人，他们无不把“立德、立功、立言”作为一生追求，从而建立了功勋。成名也好，不成名也罢，追求“立德、立功、立言”是一种境界，我这种无名之辈愿意把“立德、立功、立言”作为毕生追求，永不停息。“我要做个教育家”的后半部分，选择了《从“雾里看花”到“柳暗花明”》《教学目标校本化：年段分解，底线上移》《高中新课程改革由形式推向内涵》三篇已发表的课改代表作来反映我的课改思想，提出了课改初期、进行中、三年后一系列指导学校新课程改革的思想和实践观点：“课程宽，后劲足”的课程设置原则、“年段分解，底线上移”的课程目标设置原则以及“二轮课改坚持‘三个具体原则，三个主要内容’”的再推进原则。这些思想和实践观点是学校新课程实现校本化的具体表现，也给全国首批实施新课程的地区提供最早经验，具有很强的指导价值。近 20 年了，这些思想深深地刻在宁夏六盘山中学教师心中，教学方法融入、渗透到大多数教师的教学全过程。本部分最后所选《倾力打造民族教育品牌》《新建学校如何培育与凸显特色》《开展“第二父母行动”引领学生健康成长》《推进“第二父母行动”实现学生个别教育》4 篇已发表的关于学校办学特色的代表作，用来反映我的特色办学思想。

“我的校本教育思想”部分，体现的是“想法＋实际”的校本思想。我们每天学习、思考，是希望自己站得比别人高、走得比别人远。然而，人往往受区域、文化、职位等因素的制约，高度、广度常常是有限的，但这并不影响对高度、广度的追求，也不影响对符合实际的校本思想的认可。本部分内容反映了我以实际行动指导学校教育教学、管理的思想，而且这种思想是在实践中产生积极效果的。这里共选择了《不断丰富和创新办学理念是校长的责任和使命》《弘扬“大庆精神”，打造长高精神特色》《打造“校湖一体　环境育人　以文化人”的特色长高》《我们承诺：在家门口上好高中》四篇代表作，较系统、较深入地体现了我的校本思想。

“求解‘行知合一’最大值”部分，主要写了在学习、思考、实践中生成的对做事、当校长有重大影响的观点、思想，共选择了《求解“行知合一”最大值》《弘扬“大庆精神”严的作风硬的标准》《攻坚啃硬，拼搏进取》《“小教练制”破解学生掌握运动技能之难》4篇代表性随笔。

“媒体如此说”部分，选择了2001年、2015年、2022年不同时期媒体对我的报道。《对这方苦土爱的深沉》（《固原日报》）、《干旱山区的一泓清泉—记固原二中高级教师邓树栋》（《宁夏教育》）、《邓树栋：最动听的称呼是“老师”》（《宁夏日报》）、《信仰的力量：用心做山区学子的造梦人》《十年课改我们走了多远——我亲身经历的高中课改》（银川电视台），这些报道，如同一串珍珠，串起了我近40年教育、教学、科研、管理方面的工作及特色，也是我近40年奋斗史、成长史的一个缩影。

经过两年的努力，书终于出版了。虽然不会给我带来一分钱的收益，却能带给我无法用金钱衡量的愉悦与充实。它记录了我的心路历程和奋斗足迹、酸辣苦涩和苦尽甘来。或许书中的教育家梦，只是我一生的痴心妄想，但我可以自信地说：我现在比任何时候都接近这一梦想。此时，我更多的是高兴，是完全忘记了过程之苦的高兴。最后，我衷心地感谢我的老师韩宏校长和我的老搭档朱文璋书记为本书作序、跋。感谢为此书出版鼓励过我的人、付出了心血的人，你们才是我真正的朋友。

邓树栋

2023 年 12 月于银川

目录

第一部分　我要做个教育家

第二部分　我的校本教育思想

第三部分　求解“知行合一”最大值

第四部分　媒体如此说

第一部分　我要做个教育家

我1964年1月出生于农村，小学、初中都是在大队（村）学校上的，代课老师大多是回乡青年和下乡知青。那时上学真幸福，晚上不上晚自习，也没啥作业。我与同学相比，不会犁地，不会拉架子车，挣工分也不要我，嫌我没力气，只剩下学习比他们好了。我那时没有什么梦想，非要说梦想，“吃商品粮”算是我的第一个梦想吧！1980年我考上了宁夏大学，1984年分配到宁夏固原二中当教师吃上了商品粮，第一个梦想就这样实现了。

我在固原二中工作了19年后，应聘到宁夏六盘山高级中学，从县城固原到了省城银川。30多年来，“我最适合干教育”的朴素观，提醒我、促使我当老师一定要当一名受学生欢迎的老师，当领导一定要当一名有思想、肯实干的领导。直到2004年，宁夏成为全国首批高中课改实验省区之一，给了当时在宁夏六盘山高级中学当教科研主任的我一个绝好的机会，我负责制订的方案、提出的想法都一一得到实践，并把这些想法、实践和经验讲给学校老师听，讲给外省来宁学习的考察团听。就这样，我有了自己的见解，有了更大的幸福感、成就感。也是在这个时期，我有了更明确的“野心”，可以算是我的第二个梦想，那就是“做个教育家”。

我要做个教育家

我 1984 年 7 月开始从教，已近 40 年，在宁夏固原二中、宁夏六盘山高级中学任物理教师 32 年、当副校长 15 年，在宁夏大学附属中学当了 4 年党委书记，在宁夏育才学校、宁夏长庆高级中学当了 4 年校长。客观地说，我当教师是一名普通的教师，当校长是一名普通的校长，但做一名教育家的梦想一直都在。

我知道做教育家只是一种追求，是心中的目标和理想，也许永远达不到。做个教育家，就算我这个“苔花”是“苔花如米小，也学牡丹开”吧！在我看来，教育家是一个相对概念、模糊概念，而做教育家纯粹属于自我加压，让自己成为一名有思想、亲实践，有担当、有作为的教育工作者。

什么是教育家呢？

比较通识的释义是指，通过亲力亲为的教育实践创造出重大教育业绩，对一定时期、一定范围内的教育思想和实践产生重要影响的优秀教育工作者。

陶行知先生说：“常见的教育家有三种：一种是政客教育家，他只会运动，把持，说官话；一种是书生教育家，他只会读书，教书，写文章；一种是经验教育家，只会盲行，盲动，闷起头来一个真正的教育家，必须是既有‘见’又有‘行’。所谓的‘见’是见解、远见、卓见、创见和独立的见解；所谓的‘行’是躬行、笃行、进行教育实验和教育改革试点等。”

刘彭芝在《人生为一大事来》中指出，教育家要有自己的教育思想，有对教育的独立见解，有对教育思想的不懈追求；需要有丰富的教育实践，可以说教育家就是教育思想的实践者，是改革的、创新的实践者。教育家必须是一个先行者、示范者、发动者，是能够提出学校发展远景目标的设计师，是能够打造精英教师团队的精神领袖，是一个追求卓越办学成就的领跑者；是人性丰富、人格完善、人品高尚的人。

什么人才能称得上是教育家呢？我举几个我国教育家的例子。

大教育家孔子提出了以“仁”和“礼”为核心的学说，开创了私人教育的先河，大大提高了普通人接受教育的可能性！同时，孔子提出了有教无类、因材施教的教育理念。人民教育家陶行知创立了“生活教育”理论，提出了“行知行”“教学做合一”思想，在教育平民化方面做出了卓越贡献。……

教育家的基本特质：有对教育的执着热爱，有自己的教育思想，有改革创新实践，有代表思想论述。

做教育家是国家倡导的。《国家中长期教育改革和发展规划纲要（2010—2020年）》明确提出：“创造有利条件，造就一批教育家，倡导教育家办学。”《中共中央国务院关于全面深化新时代教师队伍建设改革的意见》进一步提出：“到2035年，教师综合素质、专业水平和创新能力大幅度提升，培养造就数以万计的教育家型教师。”

《红楼梦》里这样写道：“世上都晓神仙好，唯有功名忘不了。”做个教育家，必须克服急功近利，集中精力搞教育研究、教育实践，一辈子专心立德、立功、立言。

2019年我担任校长后，对做一名教育家、教育家校长的愿望更加强烈。可能受原武汉大学校长刘道玉说的“现在的情况是，有教育舞台的人不实践，而想实践的人又没有舞台”的影响，我当了校长，有了实践的舞台，就更想将自己的教育理念、想法搬上舞台，付诸实施。事实上，我当校长后，确实对实现自己教育梦想的舞台很满意，常常会冒出新想法，常常由于实践有效果而感到很有成就感、幸福感。

确认，我干的是教育事业

从教近40年，我确信自己干的是教育事业，有教育信仰。我刚开始工作的一段时间，充其量只可称为在干教育职业，备课、上课、批改作业、当班主任，日复一日、年复一年。然而有一天，我忽然觉得太小看自己了，我干的可是教育事业，并且从此深信不疑。有一天，妻子问我：“每天6:30去学校与学生一起出早操，风雨无阻，你难道一点也不愁吗？”我随口回答：“没感觉到愁。”随后我回味这一问一答，才忽然觉得坚持的伟大，别人眼里很愁、很难坚持做到的事，对我来讲很平常，平常得就像下楼骑自行车要拿上车钥匙一样，这是职业所不能有的境界，但事业可以。每天坚持6:30上早操且不间断，几乎每天晚上上自习或查自习，为什么不会愁呢？我的回答：“我最适合干教育了！”当有同学、同事坐在一起聊当教师这不好那不好时，老实、性格较内向的我从来不觉得干教育不好，官场上钩心斗角斗不过别人，商场上尔虞我诈诈不过别人，只有干教育踏踏实实，安心教孩子，再搞一点研究最适合我。每当我遇到难解决的问题时，我不仅没有感到干教育的烦恼，反而迎难而上，设法解决问题，用智慧解决了问题后常常会有一种幸福感和成就感，自己觉得每天都是新的，每天都有收获。我常给老师讲：因为有了情感，所以有了幸福；因为有了智慧，所以有了成就。因此，我一直认为我最适合搞教育了。有人说：“一个没有理想的人，不可能走得远；一个没有理想的学校，也不可能走得远；一个没有理想的教育，更加不可能走得远。”在我眼里，我是有教育理想的，我的学校是有理想的，我干的教育更是有理想的。30多年来，我发现，无论是我个人，还是我当校长的学校，都有长足发展，正是因为有“我最适合干教育”的朴素观念，有“我愿为教育事业奉献一生”的教育信仰；也正是因为有我对教育的热爱、对教育的情感、对教育的智慧，才使我几十年如一日孜孜追求、默默奉献、乐此不疲。正像黑格尔说：“假如没有热爱，世界上一切伟大的事业都不会成功。”

我写过一篇随笔：《我这员“福将”福在哪里》。别人可能只看到我的荣誉，未必了解荣誉背后的辛苦，正如人们只知道夜间萤火虫发光好看，但没有看到此时萤火虫拼命扇动翅膀的辛苦。我眼里的“福”是干出来的，用汗水换来的，是高尚品德的积攒，正所谓“小胜靠智，大胜靠德”。

“人实在、有思想、有韧性”，是同仁们对我的基本评价。“人实在”指的是讲话、做事实事求是，不表豪言壮语、不糊弄人，对教职工的个人难事也是尽力办，成与不成教职工不会有怨言。“有思想”是指常有新观点发表，讲话稿总是有独特之处，给人以启迪，平时指导工作总是有备而来，有自己的观点、想法、措施。故有好些人称我为“书生校长”。其实，有思想是我常读书、勤思考的外在表现，“书生校长”是我有书卷气的缘由。我常向青年教师说：“每次会议你必须作好发言的准备，万一让你发言呢？有准备地发言，别人说你有想法，就抓住了一次别人认识你的机会，否则相反。”“有韧性”指的是认准要做的事，不是凭一时心血来潮，而是凭一股“跬步千里”的执着坚持到最终成功。多少年来，我对待问题有这样一个习惯：不是突发紧急的事思考必须过夜；对待难事，必须克服别人眼里的柔弱外表而表现出内心刚毅。

30多年的努力，我获得了很多荣誉：自治区9·10奖章、自治区政府特贴、自治区先进工作者、全国优秀教师、全国先进工作者……《宁夏日报》《银川日报》《新消息报》还有宁夏电视台分别在不同时期对我作了报道。

当一名学生欢迎的好老师

从教30多年来，追求教育事业给我“做教育家”奠定了坚实基础。我1984年刚工作时，出卷或出练习题刻蜡版是经常的事。刻蜡版的人字要写得好，还要认真不怕吃苦。我们物理组刻蜡版的任务大部分由我承担，我字写得不是最好的，重要的是我是最认真最不怕苦的。我刻蜡版到凌晨一两点是家常便饭。我们物理组的老教师都说：“小邓是个好同志。”我吃了苦、流了汗，但业务得到了提升，更重要的是赚足了人气。

1987年，我第一次带高三，下苦功做了大量习题，凡是学生卷面上的题，至少准备三种不同的解法，讲完后再将个别学生的好做法记录下来，这样最终一道题就有三种以上的解法。一轮高三带下来，我在学生面前成了解题高手，在物理组同行中成了解题能手。我翻开以前的教案，多节课的教案后面都有“教学反思”，或一题多解的记录，或解题妙招，或教学方法优化，我算是李·舒尔曼说的“这个世界上有两种教师：有的教师工作20多年，获得了20年的教学经验；有的教师却只是将一年的经验重复20次”中，获得了20年教学经验的那个教师。1989年，物理组同仁推荐我做了教研组长。30多年来，带了几届高三我也记不清了，只记得每年高三补习班的学生点名要我给他们带物理，只记得只要是上午最后一节课，课后一定是学生轮番问问题到中午一点。20年后，每当我与学生坐在一起时，学生们都会调侃我的普通话不标准，常把“二”说成“爱”，告诉我当年轮番问题的前半小时的学生是上完课还没有去食堂吃饭的，后半小时的学生是吃完饭回教室的……

1984年至1992年担任班主任期间，我常思考管理学生的好方法，思考教育能带给学生什么。开始工作，我就有把自己的思考记录下来的习惯，这一习惯一直坚持到现在，所不同的是现在不仅把自己的思考记录下来，还有自己的观点、实践途径等记录。可以说，我发表的30多篇文章都能在笔记中找到原型记录。我认为，一个人在发言中有自己的独特观点、有思想，是来自于对问题的思考，是基于对思考问题的记录和提炼。1996年我32岁那年，当上了当时全区“榜样学校”——固原二中的副校长。从此，正式走上了为更多贫困地区孩子造梦的教育之路。

课后反思是一个教师成长的记录，也是成为名师的见证，正像叶澜教授讲的：“一个教师写一辈子教案不一定成为名师，如果一个教师写三年的反思有可能成为名师。”30多年来，我非常注重专业研究，一直写教学反思，常常把教学中的反思写成文章投稿、发表。先后撰写发表了《月球上的单摆问题的思考》（《固原师专学报》1997年第6期）、《对高一物理新教材增设内容处理的调查及思考》（《物理教师》2002第23卷11期），参编了《精讲精练》物理必修一和必修二（宁夏人民教育出版社出版，2013年8月）。特别要提的是，当我翻开工作初期的学习笔记本时，发现有很多调研问卷以及问卷结果分析，这让我掌握了很多对教育教学、管理有用的一手资料，撰写了一些有价值的调研论文，如《初中预备班学生与六年级学生对比调查》（《宁夏教育科研》2001 年第 6 期）、《城镇中学农村学生性教育比城市学生更需关注》（《宁夏教育》2004 年第 6 期）、《也谈校长应不应该兼课》（《中小学管理》2002 年第 5 期）、《学校需进一步开放》（《中小学管理》2003 年第 7 期）等。30 多年的不懈奋斗，使我在教书育人方面先后获得固原地区教书育人先进个人、自治区“313”人才、自治区物理骨干教师、自治区物理特级教师、正高级教师等荣誉。

做一个“敢探未发明新理”的人

近40年，我在两个学校当副校长15年，在一个学校当党委书记4年。这 19 年我尝试着提出自己的想法，有些已经被实践证实是好的；有些没有条件实践也就无法判定是否正确；有些虽然得到实践，但受条件、权限的限制实践不充分，效果也没有显现出来。40 年来，我写过很多文章，正式发表的有 30 余篇，未发表的不计其数。40 年来，我读书写体会、观点和反思，写小文章，留下了一笔宝贵的文字财富。从这些文字财富中，能看到我 40 年的奋斗足迹、所思所想、取得的成就。

“亲身下河知深浅，亲口尝梨知酸甜。”我深切体会到，只有把想法拿到实践中去检验，才能得出哪些是金子，哪些是泥土。我是一个爱琢磨的人，凡事写一点自己的观点；我也是一个爱实践的人，凡事想方设法及时实践。可以说，通过实践积累了很多的思想、经验，为我“做个教育家”奠定了坚实的基础。

愿探扶贫教育新理。原教育部部长袁贵仁说“教育家身上应该有泥土芳香”，我认同这种说法。我1964年1月出生于宁夏固原县七营乡五营村，小学、初中都在村子上的学，上高中时被择优录取到固原一中。1984年7月大学毕业，分配到固原二中任教直到2003年6月。2003年7月应聘到宁夏六盘山高级中学任教直到2015年11月。2019年12月我被组织安排到宁夏育才中学工作直到2021年9月。固原二中、宁夏六盘山高级中学、宁夏育才中学的学生70%以上是农村学生，可以说我从教40年中的34年与“贫困”“农民”有隔不开的缘，与穷人有舍不了的情，身上自带泥土，对贫困地区的教育有深刻认识和专门研究，先后撰写发表了《贫困地区学校教育科研的实践》(《宁夏教育》1999年第3期)、《高校扩招给贫困地区的教育带来什么？》(《宁夏日报》2000年8月28日、《中国教育报》2000年7月20日)、《对贫困地区中小学现代教育起步的思考》(《中小学电教》2001年第1期)等。《小龙人报》以《山乡“红烛”——记全国优秀教师邓树栋》、《固原日报》以《对这方苦土爱得深沉》、《宁夏教育》以《干旱山区的一泓清泉》为题，分别对我从事贫困地区的教育工作作了报道。

我来自农村，深知农民的苦，农村孩子念书的难，真想为农村孩子的前途做点事。知识改变命运，是农村孩子最好的途径。能让更多农村孩子接受优质基础教育，考上大学，走出大山，是我从教30多年一直所努力的。2011年9月10日，王正伟主席来到宁夏六盘山高级中学与教师共庆第27个教师节。我认为，这是一次绝好的给农村孩子争取优质教育资源的机会。我即兴表达了两层意思，一是创办宁夏六盘山高级中学对山区老百姓的意义重大：“‘扶贫教育’已见成效。温总理在一次会上说，他上大学的时候，农村孩子几乎有80%甚至更多，现在看来，农村孩子的比例在下降，为此，《人民日报》的记者专门进行了调查，结果表明，全国范围内，大学的农村生源占50%，重点大学的农村孩子仅占30%。作为‘宁夏扶贫’教育窗口学校，情况如何呢？我校学生中农村户籍的占70%，近两年考入重点大学的农村户籍学生占74%。例如，2011年，我校考入重点大学的900名学生中，农村户籍的学生就有660余人。这一数据表明，自治区党委、政府当初创建六盘山高中的目的得以实现。宁夏创建六盘山高中、育才中学以及让更多的农村孩子得到实惠的做法，是给温总理的一份满意的答卷。”二是争取政府对农村孩子提供更大帮助：“我暑假下去招生，回到老家，老乡给我说了两件事，我非常高兴。一件是六盘山高中的学生知识面广，眼界开阔，讲起政策、宁夏的变化来头头是道，影响他们的思想，开阔了他们的眼界；另一件是问对农村孩子‘早上一个蛋，中午管午饭’是真的吗？我说六盘山高中免学杂费，发生活费不是都实现了吗，是真的。我感受到，给咱农民一点点实惠，他们就会有灿烂的笑容。能给六盘山高中、育才中学的农村孩子‘早上一个蛋，中午管午饭’，那该多好！全国率先，也可以吸引更多的农村孩子到我校上学，让更多的农村孩子考入重点大学。”

敢探新课程实践新理。“敢探未发明的新理”是陶行知提出“第一流的教育家”的必备条件。2003年，教育部决定2004年在山东、广东、宁夏、海南四省区首批进行高中新课程改革实验，我当时是宁夏六盘山高中的教科室主任，这次课改给了我一次个人进步的大好机会。宁夏六盘山高中是当时宁夏最大规模的高中，有6000余名学生，学生虽然是宁夏南部山区的孩子，但学校地址在银川，且是宁夏教育厅直属管理，学校教师都是面向全国招聘的，有热情、有能力，这就占据了课改“天时、地利、人和”的先决条件，时代给予了2003年创办的宁夏六盘山高中在全国声名鹊起的机会。既然是首批，就没有成熟经验可以借鉴，一切都要“探索新理”。我带领学校课改团队，积极主动探索新课程实践的新理，给学校提供了《宁夏六盘山高中三年课程计划》《宁夏六盘山高中学生选课办法》、“学分卡”“学生成长记录袋”等系列新课程实施方案，课改进行得可谓轰轰烈烈。我敢说当时学校领导的精神状态、教师的工作状态和我个人的工作状态是六盘山高中创建以来最好的（这些都记录在我写的《十年课改我们走了多远》一书中）。

2004 年、2005 年全国各省市的新课程参观团蜂拥而至，到“课改样本学校”宁夏六盘山高中取经，我每周都有两次以上的经验介绍。几年下来，虽然累了些，但收获的观点、经验、总结确实不少。其间，我提出一系列指导学校新课程改革的思想：“课程宽，后劲足”的课程设置原则、“年段分解，底线上移”的课程目标设置原则以及“二轮课改：坚持‘三个具体原则，三个主要内容’”（后面有专题论述）。这些思想是学校新课程实施校本化的具体表现，是新课程推进中的重大成果。由此产生的成果也是宁夏六盘山高中为全国新课程实验最先提供的思想和方案，有很强的实践指导价值。过去了 20 年，这些思想深深地刻在宁夏六盘山高中教师的心中，融入、渗透到宁夏六盘山高中大多数教师的教学全过程。我发表的文章有三篇影响颇大，第一篇是《从“雾里看花”到“柳暗花明”》（《宁夏教育》2005 年第 3 期），写了新课程初期，新课程理念进入课堂后表现出的观念、行动的进步，文章中有很多关于实施新课程的新观点、新实践，具有很强的实践指导意义。第二篇是《教学目标校本化：年段分解、底线上移》（《中小学管理》2008 年第 6 期，中国人民大学书报资料中心《中小学教育》2008 年第 9 期全文转载），主要观点是如何根据课标的要求和学校的实际找到最适合本校学生的课程教学目标，也叫教学目标校本化。这篇文章是我发表文章中字数最少、写作时间最长、但水平最高的文章，只有 1900 多字，用了 4 年时间，后被中国人民大学书刊复印中心全文转载。第三篇是《高中新课程改革由形式推向内涵》（《宁夏教育》2008 年第 7~8 期），主要针对三年一轮改革完成的后三年（也称“第二轮”）如何进一步有效推进，对当时走出新课程实践迷茫、开展下一步新课程实践有一定的指导意义。在课改中一路探索、实践、思考，著成《十年课改我们走了多远——我亲身经历的高中课改》，以纪实的方式记录了宁夏六盘山高中 10 年课程改革提出的思想、采取的措施以及取得的成果；组织发动全校教师集思广益，编写出版本校各学科使用的“课堂导用”系列学生用书，使新课程任务进一步校本化。

承担首批高中课改的宁夏，给了全国教育同仁认识宁夏的大好机会，同样给了“扶贫教育”的宁夏六盘山高中声名鹊起的机会。2004 年 9 月至 2007 年 7 月，外省来宁夏进行新课程考察的人不计其数，就以宁夏六盘山高中为例，每周至少有两个考察团来校考察新课程。络绎不绝的外省新课程考察团在考察后无不对宁夏、银川印象深刻，对宁夏有勇气办一所像宁夏六盘山高中这样大规模的“扶贫学校”赞叹不已，加之中央电视台《新闻联播》与《焦点访谈》，《中国教育报》《新华每日电讯》《人民教育》等媒体的相继报道，宁夏六盘山高中在全国的名气更大了。2018 年我去无锡参加全国校长培训时，我的小组有 20 名学员，其中有 11 名新课改时来过银川，有 8 名来过宁夏六盘山高中。

敢探学校管理新理。管理是一个永恒的课题，教育管理有很多未探明白的规律，需要教育工作者不断探讨。作为一名校长，一名学校管理实践者，总结实践经验无疑是最需要的、最宝贵的。从 1996 年涉足学校管理起，我就开始了对学校管理的研究，撰写发表了《也谈校长应不应该兼课》（《中小学管理》2002 年第 5 期）、《校本教科研的行动策略》（《宁夏教育科研》2003 年第 4 期）、《学校需进一步开放》（《中小学管理》2003 年第 7 期）等。在宁夏大学附属中学当党委书记的4年间，边学习边研究，撰写的《践行“三严三实”办全国名校》荣获自治区教育工委、教育厅“三严三实”征文一等奖，《党委工作接地气，党员育人有底气——学习毛泽东〈党委会的工作方法〉有感》荣获自治区教育工委、教育厅“庆祝建党95周年”征文活动一等奖。

敢探特色办学新理。办学特色的话题已经是老话题了，记得2009年3月31日《中国教育报》刊登的一篇《大家不同，大家都好》指出当前教育出现了以下矛盾：“一是人才类型的多样化与培养模式趋同化的矛盾；二是人的个性化发展与学校发展同质化的矛盾；三是学校竞争的激烈化与办学人员惯性化的矛盾。”文章提倡要办出特色的观点我是赞同的，据我所知，大部分校长都是赞同的。我的学习笔记本中“我的思考”就记载了当时我对“人人有目标，个个都成功”特色办学的思考。如今学校特色如何呢？客观地说，不怎么样，10年前和10年后没有多大差别。为什么？没有质量的特色是无本之木，只能昙花一现。这就是我们常常听到的办出特色的学校绝大部分是教学质量好的学校的原因。我们外出考察的名校，名为特色鲜明，实为质量过硬，都是当地教学质量一流的学校；没有特色的质量是无花之果，难以可持续发展。

2008年以后，我对学校办学特色进行了研究，撰写了《扶贫办学促教育公平　倾力打造民族教育品牌》（《宁夏教育》2010年第4期）、《新建学校如何培育与凸显特色》（《宁夏教育》2015年第7~8期）。我的这两篇文章，写的都是以宁夏六盘山高中为例的“扶贫教育”特色。第一篇介绍了六盘山高中“扶贫教育”的做法，给其他省“扶贫教育”一些启示。第二篇突出“新建学校特色”形成要领和培养方法。后来，又深入研究了“第二父母行动”教育特色，撰写了《开展“第二父母行动”引领学生健康成长》（《宁夏教育》2016年第9期）、《推进“第二父母行动”实现学生个别教育》（《宁夏教育》2018年第10期）两篇文章，一篇介绍一些做法，另一篇则探讨实施机制。

这种递进式研究在我发表的30多篇文章中占有一定分量，是我深入探究新理的一种最重要方式，如《也谈校长应不应该兼课》《学校需进一步开放》《学分认定的实践探讨》《高中学分认定的问题与对策》等。

“敢探未发明新理”是要有点执着甚至忘我精神的。陈望道吃墨汁的故事好多人都听过。20世纪20年代，陈望道受命回到浙江义乌老家翻译《共产党宣言》。有一天，陈望道的母亲给废寝忘食的儿子送去粽子充饥，外加一碟红糖。过了一会儿，母亲来取碗筷，惊奇地发现儿子满嘴乌黑，红糖却原封未动。老人家爱怜又带几分生气，问道：“吃完了，这糖甜不甜呀？”陈望道仍浑然不觉，头也不抬地说：“甜，真甜。”母亲无奈地笑笑：“你倒是自己看看，墨汁都被蘸完啦。”陈望道这才意识到自己蘸的不是红糖而是墨汁。其实，这个故事很多人并没有真正读懂，以为陈望道是因为忙误吃了墨汁，而没有理解到信仰是有味道的，甚至比红糖更甜。电视剧《功勋》有一集演的是“水稻之父”袁隆平，其中有这样一段：袁隆平相亲时还想着杂交水稻为什么会失败，把女方晾在一边。《功勋》还有一集演的是共和国勋章获得者屠呦呦：下火车时由于满脑子想着青蒿素临床试验没效果的问题出在哪里，结果耽误了上火车。看到这里，我的妻子说：“有这么傻的人吗？”陈望道吃墨汁，袁隆平晾女方，还是屠呦呦误火车，这种“傻”我不仅能理解，而且常常发生在自己身上。我常常为想一个问题或写一篇文章，吃饭时或睡觉中突然想到的观点或证据，会立刻停下吃饭或起床记下所思所想，参会时突然有想法会记录在手机记事本上，很多次为了论文标题苦思冥想，直到相对满意。我现在认为，出差还是坐火车好，因为火车比飞机慢，坐火车有足够的时间思考一些问题、写点东西。我有两篇论文完全是我一个人出差时在火车上写成的。我每天上下班为了安全往返，把车上收音机的声音放得很大，足以“清洗”掉脑子里的“胡思乱想”。我把这种“傻”叫作“执着”。人是要有点执着精神的，否则一辈子只能碌碌无为。难怪熟悉我的人常问我：“你在想啥，这么投入？”采访我的记者这样描述我：“有一种带了岁月洗练、智慧润泽过的气质。”

当一名有教育思想的好校长

我认同苏霍姆林斯基说过的：“校长对学校的领导，首先是教育思想的领导，其次才是行政领导。”那么，教育思想从何而来呢？我认为，教育思想雏形往往来自小小的想法，来自一次一次的亲身实践。对大多数从事教育管理的人来说，往往缺的不是想法，而是更大的实践空间和土壤。

我要当校长，争取更大的实践空间和土壤。

2015 年 11 月，我被组织安排到宁夏大学附属中学任党委书记，2019 年 9 月调出。在当党委书记之前，我一直从事教学或者主管教学工作，当书记可以说是一种新的岗位，工作的侧重点也随之发生变化。当书记的 4 年里，我除了学习、掌握政策性的东西以外，还寻求学校党政工作的同频共振。学习和书记的职责使我政治站位更高了、大局观更强了，也理解了以前所不能理解的东西，对我后来当校长主持学校全面工作、实践我的想法、形成我的教育思想有非常大的帮助。

2017 年 4 月，我参加了一个由教育厅组织的在清华大学举办的全区部分校长、书记参加的培训班。学习期间感受最深的是弄清了什么是真正的办学思想和什么人最有可能有办学思想。《跃迁》里有这样一段话："高手并不是能力比我们强、定力比我们好。只是因为他们思考比我们深、见识比我们广，他们看到了更大的系统。"是啊，校长有比别人更大、更方便的行动权，能看到更大的系统，并随时可以把自己的想法付诸实践。我当时突然产生一个想法：要把自己一生所思所想落地，并经过实践验证，形成自己的教育思想，就必须当一把手。这一想法对我可谓是具有历史性的转折意义，因为以前满足于副校长岗位，没有想着当一把手。书卷气太重一直是我当校长的思想障碍。读了有名的"书生校长"程红兵的《做一个书生校长》，我闻到了"书生味"，给了我争当校长的勇气和信心。然而，当学校的领导尤其是校长，不同于当一名教师，领导是要管人的，太儒雅是当不了校长的，正所谓"慈不掌兵，善不当官"。我认同曾国藩所说的"以'懦弱无刚'四字为大耻，故男儿当自立必须要有倔强之气"。可见，当校长有书生气并不是缺点，是优点，但还需要"刚"，哪怕是外柔内刚。我有书生气，我外柔内刚，我能当校长。我努力找到自己的不足，用24个字作总结并努力改之：太谦虚，缺霸气；认辅助，缺锐气；讲儒雅，缺狂气；无争斗，缺机智。党的十九大以来，需要有思想、守规矩、务实的人做校长。有幸，我于2019年12月当上了宁夏育才中学的校长。

实践出真知。

人们常说"实践是检验真理的唯一标准"，德鲁克说"管理是一种实践，其本质不在知，而在行"。这都说明了实践、行动的重要性。我们积累的想法很多，有些是有过行动的，有些则只是纸上谈兵，但我们坚信，这些想法中肯定有金子。如何断定是金子还是泥土呢？只有付诸行动、拿到实践的土壤中去检验。

我当校长后，第一件事就是把我以前的学习笔记本拿出来重新阅读，重新审视原来有过的想法、观点：有些想法是有过实践的且有成效的，也有实践效果不佳的；有些想法则只是写在笔记本上没有实践或没有条件实践的，也就无从知道好坏；有些是当时关注的、热门的话题，现在看来仍有实践价值的也有无价值的。实践、实践，只有实践才能甄别好坏，才能决定取舍。我决定，我要根据时代的变化、校情的变化，重新确定实践的想法，通过取舍，形成我自己的教育思想。

持续实践的一个例子是教师做学生的“第二父母”。我在宁夏六盘山高中当副校长时，与同仁提出教师做学生的“第二父母”，帮助、指导那些家距离学校300多公里来银川上学的学生。当时虽然提出了“第二父母”帮扶、指导模式，但只是提倡教师做，没有制度或考核做保障，效果不是太好。我调到宁夏大学附属中学当党委书记时，以前学校也提倡教师做学生（70%的学生是来银务工人员的子女，父母为了生计起早贪黑，学生缺少父母的关爱和学习指导）的“第二父母”，与在宁夏六盘山中学一样工作体系不健全，没有保障措施，效果也不怎么好。既然两个学校都认为教师做学生的“第二父母”是管理的需要、学生健康成长的需要，是件好事，那么我们为什么不深入进行实践，建立一套制度体系来做保障呢？我要把教师做学生的“第二父母”这个事深入地做下去，直至做出成效。又经过三年的进一步实践、总结，形成了“第二父母”制度保障体系，为持续有效开展“第二父母”行动提供了蓝本。我发表的《开展“第二父母行动” 引领学生健康成长》《推进“第二父母行动”实现个别教育》一组文章对教师做学生的“第二父母”作了全面的记录，可以供同仁借鉴。实践证明，教师做学生的“第二父母”行动是符合寄宿制学校实际的，实践中总结出的方法是可操作的，并且是有效果的。我来到宁夏长庆高级中学，把教师做学生的“第二父母”做法迁移过来，并根据石油人工作的实际特点，强化了“你在一线采石油，我在后方伴成长”的教师做学生的“第二监护人”行动，做得可谓有声有色。

持续实践的另一个例子是“书宁可读坏、读丢，也比不让人读放坏强”。我在宁夏六盘山中学时，看到从农村来的孩子阅读量太小，影响其综合素质的提高，难以在高考中考出高分。学校的问题是，有书但借阅不方便，不能做到“时时读，处处读，人人读”。我就在教学区的三个空闲处设置开放的、供学生阅读的读书处，学生不用登记可以阅读，还可以拿到教室、宿舍阅读，只要阅读后把书放到原来的位置就可以。这个读书处我们称为“诚信读吧”。实践证明，“诚信读吧”很受学生欢迎，对学生的阅读量有明显改善，同时打消了有些教师说的“一定会把书丢完”的疑虑。我到宁夏育才中学后，面对与宁夏六盘山高中相似的学生，用了同样的方法解决，只是阅读处规模更大：在教学区建立了2个各200米的“读廊”，向学生开放，不用登记，书可以拿到教室、宿舍看，读完后放回原处就行，提倡“5分钟读一段，10分钟读一篇”，真正实现学生“时时读，处处读，人人读”。

创新长才干。

常言道：“一个好校长就是一所好学校。”这足以说明校长对学校发展的重要性。一个好校长常常是有好思想的，好思想往往从实践中的某个小想法开始形成，通过学习、思考放大，再经过实践检验，最后提炼、总结成思想。这一过程必定要伴随创新，甚至是不断创新。我们深刻地体会到，一个校长的实践史、创新史正是大长才干史。

“扶贫教育”内涵的实践创新。宁夏育才中学是一所招收宁夏南部山区和中部干旱地区初三毕业学生，且学生免缴学费、每月由政府补贴150元生活费的“扶贫学校”。2008年建立的时候，宗旨是让贫困地区的学生到银川来接受优质教育，通过“扶志、扶智”，让学生考上大学走出大山，从而实现自己、家庭脱贫。实践证明，宁夏育才中学很好地实现了当初办校的宗旨，是智力扶贫的成功典范。2020 年我国全面建成小康社会后，“扶贫教育”的新内涵如何定义成为学校面临的新课题。我认真研究了国家 2035 年“基本实现现代化”目标、乡村振兴政策，同时还考虑到我国刚刚脱贫进入小康社会具有不稳定性，原贫困地区与发达地区的经济、教育水平依然存在很大差距等，学校应该仍然把学生上大学、走出去作为一项具体目标，但不同的是“从上大学转向上好大学”。综合考虑，我们把新形势下“扶贫教育”新内涵定义为：“让更多的学生考上更适合自己的好大学，引领农村家庭 2035 年基本实现现代化。近 5 年内，努力让更多学生考上更适合自己的大学，同时集中一定的扶贫资金，精准帮扶家庭因病、因灾陷入困境的学生完成学业，且考上好大学；后续的 10 年，使这些来自农村的学生和城市学生一样阳光灿烂，充满自信，追求尊重和自我价值，成为引领农村家庭 2035 年基本实现现代化的有生力量。”

“石油式特色”的实践创新。2021 年 9 月我被组织安排到宁夏长庆高级中学当校长。进校工作一段时间后，我就感觉到学校中浓浓的“石油味道”：60% 的学生是石油子弟，70% 的教职工是从原来的“石油子弟学校”移交给宁夏政府的；学校诸多的管理制度中有石油上“三老四严”“五项标准”等深深的痕迹；学校文化与社区燕鸽湖文化相同处颇多，师生认同石油文化。我向一些老教师讨教，查阅学校历史资料，弄清了学校、教职工、学生、石油基地等的关联以及历史渊源，加之受 2019 年 9 月中央确定“大庆精神”为共产党员精神谱系之一的影响，冒出一个清晰的想法：宁夏长庆高级中学就以“大庆精神”为特色，提出“弘扬‘大庆精神’，打造长高精神高地”和“校湖一体，环境育人，以文化人”育人新境界。我们把这两个特色称之为“石油式特色”。随后，学校建了“弘扬‘大庆精神’”文化长廊，开发并实施了“弘扬‘大庆精神’”系列校本课程，“校湖一体”建设取得前所未有的显著成绩。以上这些在我发表的《攻坚啃硬，拼搏进取——“大庆精神”课程开发案例》（《宁夏教育》2022年第1~2期）中有一些记录。

一系列的实践、创新，我有了自己的系列校本教育思想，治校水平有了很大提升，学校得到了长足发展。

我还要强调的是，校长的实践、创新离不开单位，个人的成长与单位的发展是相辅相成的。有一句很火的话：“离开了单位你什么都不是。”说明个人与单位是息息相关的，人离不开单位，否则就会在事业上成为无源之水。当教师时离不开单位，单位有考核、有学生评价，因此我们都在努力提高自己的专业水平，与其说这是一种自觉，还不如说这是个人职业需要，因为人人都想当一名称职的老师、受学生欢迎的老师、被社会认可的老师。一旦当了学校领导，那就更离不开单位了，因为没了单位不存在领导，很多提升都是工作需要，自觉与被迫并存，因为管理需要智慧，而智慧需要经验积累、视野开阔、能力提升等。

做教育家的追求永不变

自己离当一名教育家还很远，但30多年来一步一步地在靠近，而且近些年靠近的速度在加快，这正是我欣慰的。何况，追求做教育家的梦还正在进行，未来还会继续。

宁夏2022年秋季开始实施“新课程、新教材、新高考”，三年一个周期。对学校来讲，推进“三新”无疑是一种挑战，尤其是“选课走班制”，不仅让学生在高一、高二选择学习的课程，而且这一选择要与以后的高考选择考试组合联系起来；推进“三新”对我来讲无疑是一种机遇，我认为有挑战必然有值得研究的东西，有出研究成果的机会。我对实施“三新”的态度是积极主动的。半年来，我提出了系列新课程理念“进入课堂”实施策略：“给学生一些科学家思维”时刻提醒我们要贯穿学科核心素养；进入“新课堂”从找准“大概念”开始，落实“大概念”从设计“结构图”开始；以主题为引领，使课堂内容情境化；课堂形式仍以“自主、合作、探究”为主。在以上新理念中，丰富了学校原有的“两融合，一构建”：现代教育理念与学科教学深度融合，现代教育技术与课堂教学深度融合，构建基于“大概念”下的情境、问题导向、任务驱动的互动式、启发式、探究式、体验式课堂。其中“核心素养”“大概念”“情境创设”“任务驱动”概念是 2022 年 9 月新丰富的。丰富后的“两融合，一构建”成为指导宁夏长庆高中“新课程、新教材、新高考”推进工作的校本理念。下一步要探索的是，根据学校校情、学情制定适合学校的选课方案、选课指导办法等，合理、恰当地选择创造弯道超车的机会；研究新高考模式，让每一位学生获得最大收获。

我花时间写了以上这些，是回忆、是总结。写的过程也是不断完善、再思考的过程，对我来讲是一种提高。这表明我在追求更大的进步，我在向教育家迈进。这不是终结的句号，因为我有更新的想法，我有继续努力的愿望。我认同任正非所说的：“任何一个人要不被时代所淘汰，唯一的办法就是学习、学习、再学习，实践、实践、再实践，只有取长补短，否则你一定会被淘汰。”学习—实践—总结，永不停止，现在在岗位上不能被时代淘汰，以后退休了也要做一名跟得上时代的人。

拿破仑说：“不想当元帅的士兵不是好士兵。”我是那个想当元帅的士兵，我会一直努力。

从“雾里看花”到“柳暗花明”
——走出新课程实施开局的困境

2004年是我人生事业的一个重要时间节点。宁夏作为首批高中新课程实验的四省区之一，给了时任六盘山高级中学教科研室主任的我“探新理”、快速成长的绝好机会。我和我的团队在六盘山高级中学提出“出经验，出成绩”新课程实验的要求下，“摸着石头过河”，走出了自己的路，提供了可供他校、他人借鉴的方案、经验，形成了自己的校本教育思想，同时实施新课程的第一届学生在2007年高考中取得了非常优异的成绩。10年课改实验，我撰写发表了10余篇课改文章，出版了一部专著。论文中有三篇是我的代表作，对新课程实验阶段性推进有实际指导意义。第一篇《从“雾里看花”到“柳暗花明”》，写的是课改初期我和教师对新课程理念的认识从混沌（雾里看花）走向清晰（柳暗花明）的过程。第二篇《教学目标校本化：年段分解，底线上移》，写的是按照课程标准执行到校本化（教学目标校本化）执行的过程。第三篇《高中新课程改革由形式推向内涵》，写的是从三年“摸着石头”过河（形式）转向成熟、自如（内涵）运行的探索过程。

“新课程标准、新教材培训时想法很多，设想也很多，还有很多的冲动，而真正进入课堂后，原来的想法和设想有些不能实现，有些在实现中大打折扣，真正实现了的很少，讲着讲着就回到老路子上了。”这是很多教师在谈论新课程时的感受。这说明教师在实践新课程中有很多的困惑，同时也有很多有价值的体验，教师逐渐知道应如何面对。我认为及时地研究、解决来自教学一线的困惑，是我们走出新课程实施开局困惑的最好途径。

来自教学一线的困惑

困惑一：没有目标，失去航程的方向。我们教师谈论最多的话题不是如何改，而是教材变了怎么高考。我们研讨新课标、新教材几乎每个人发言时都会提到高考，常问自己也问别人“新课程还是要高考的，无论怎样教最后要面对一张考卷，不培养学生具有答题能力具有应试技巧能行吗”？当然，这一方面也说明，长期以来，教育、教学都是以高考为目标的，而现在没有高考说明了，也就没有了目标。没有了目标，我们的教育、教学就失去了方向。与原航标相对照，出现了“偏差”，我们马上就认为有了问题，不敢前进，要么徘徊，要么赶快调整到原航线上。有些教师认为新课程的课堂像船在海中漫游，课堂缺乏重点，也失去了亮点，这正是这种困惑的具体反映。

困惑二：为谁而改。教师普遍认为改是必然的。因为教材变了，高考试卷的命题形式、内容、难度都在变，所以我们也得变。这反映出教师所认识的改是为了适应教材、适应高考，而不是贯彻新课标。新课程要求的是一切为学生的发展而改，即着重强调学生的学习方式，让学生在学习中学会自主学习、合作学习和探究学习，让学生在选择中学会规划、经营人生，让学生学到一定的基础知识（必修知识）后选择自己感兴趣的模块学习，使学生的个性得到充分发展。由于认识上的这种差距，造成实践中的迷茫和游移甚至停滞不前。

困惑三：新课标的要求和实践无法衔接。教材中的信息量大、内容多，规定 1 课时的课往往要上两节甚至更多。在讨论课时，有些教师说一个模块 36 课时上不完，再给 9 个课时还是上不完。实际情况是第一学段的教学时间已过半，但教学任务只完成了约三分之一，教材的深度不够是大家普遍的感受，而加深到什么程度没有标准，往往加深的度由学校某个领导或教研组组长或某个权威教师说了算，教师感到不放心甚至危险，教材内容与知识准备很不协调，往往出现为了讲清某个问题还得先讲准备知识，导致课时紧张。

困惑四：课讲了，课外题不会做，担心教学质量。传统观念认为听懂课还要会做课外题才能确保教学质量，否则都是纸上谈兵。现在的教材内容较浅，加深又没有课时，学生作课外题只会做很小的一部分。教师、学生和家长担心这样下去如何应对高考。

解决办法

面对困惑，犹如雾里看花，教师在苦苦地摸索，寻求解决的办法。在摸索中，有些困惑逐渐明晰，有些困惑自行解决，初步达成一些共识。

第一，再次认真学习新课标。我们认识、学习新课标都是在没有教材的情况下和基本没有前人实践经验的基础上，由教育专家从理论上对教师和学校领导进行培训，因此，我们所接受的是理性的东西，脑子里没有课堂的真实情境。培训所产生的激动、大胆的设想都是虚的。真正进入实战后才发现很多设想都是行不通的，有些想法在实践中大打折扣，而真正落实的想法并不多，这时教师对新课程的实践陷入困境也是正常的，问题在于如果我们没有在失败的基础上产生新的想法，课程实验就无法向前推进。我认为有新的想法，最好的办法就是再次认认真真地学习新课标。此时学习新课标和培训时学习的情况是完全不一样的。这时我们有一些成功的经验，有一些失败的教训，有我们周围教师共同的感受，有逐渐适应的学生，我们一定能在重新学习中找到新的感受、产生新的想法甚至新的激情。这次的想法必将比原来的想法更进一步，必将推进课程改革迈上新的高度，缩小实践与理论的落差。

第二，从高中三年整体把握教材和学生的得与失。尽管各科目的新课标已正式发行，但教材即各模块还没有全部呈现给教师，因此，教师对新课标的理解是片面的，缺乏全局性，在教学中难免出现不放心、不适应等现象，甚至认为课改行不通，必然失败。为了减少由于教材未到位而造成的影响，我校从以下几个方面做了努力：一是各科目拿出各模块的开设顺序、模块之间的关系以及开设建议方案；二是学校统一协调拿出三年的课程方案；三是学校根据本校的定位给出实施的目标，然后让教师放手按不同的路径实施；四是在实践中调整实施预案，使其更加科学合理，也在调整中进一步理解、把握学校三年的课程方案。

第三，把握学校定位，明确学校教学目标。新课程下的“双基”对于一个学生的以后发展是很重要的，不能忽视。当然需要对其内涵重新认识、研究。教材作为知识和能力的载体，只是我们教学的一个最基本的参考，不是唯一的依据。正确把握学校定位，给教师教学提出明确的目标，在这个目标下放手让教师沿着不同的途径实施，实施过程中让教师的教学个性得到最充分的发挥。当然，学校的定位切忌盲目拔高，切忌只顾追求高考成绩而不顾学生以后的发展，即把质量狭义地理解为高考成绩、眼前利益。如我校对考试试卷改革为笔试试卷设置 A、B 卷。A 卷是最基本的知识，反映学生对新课标中所要求的学分获得的最低标准，占全卷分值的 100 分（学校可根据学校的定位灵活设置分值，一般学校层次越高，此分值设置得越小）；B 卷是反映学校定位的部分，占全卷分值的 50 分（学校定位越高，此部分分值可越大）。A、B 两卷共计 150 分，A 卷成绩作为学分认定的主要依据，B 卷成绩反映学校的教学定位。

教师、学生正确对待课外练习。课讲了，学生不会做题的原因一是资料编写仓促，没有领会新教材，学生知识衔接不上或者综合性太强；二是学生刚开始高中阶段的学习，还不适应，对基础知识的理解不深，基本方法掌握不全，没有形成良好的思维意识和思维习惯；三是教师只满足于书本知识的传授，忽视了对话知识的拓宽以及学生能力的培养；四是教师用传统观念、传统标准认识这一问题，我们要清醒地认识到课外练习只对教材起辅助作用；五是课程理念变了而课外练习还与教材、新课标没达到配套或协调，还需要一段时间。建议教师在这样一个特殊时期，按照新课标的精神自己编写一些练习。切忌整版照抄，用老问题对新教材。

我们做每一件事都会遇到困难，何况我国课程改革的实验才刚刚开始，遇到一些问题是很自然的。面对这些问题，我们一定要正视它，研究解决的办法，要有勇气战胜它。只有这样，才能把课程实验推向前进，最终走向“柳暗花明”的境界。

教学目标校本化：年段分解，底线上移

我校于 2004 年 9 月开始实施高中新课改。经过三年多的摸索，教师已经进入适应阶段，同时，教师对教材进行创造性调整的水平差异也开始显现。这种差异首先体现在对教学目标的把握上：有的教师直接把课程标准中规定的教学目标作为课堂教学目标，目标设定过低，导致学生“吃不饱”；有的教师（特别是长期从事高三教学而回到高一的教师）按照高考标准设置课堂教学目标，导致学生“吃不了”，部分学生因此失去学习信心。

课程标准体现了国家对不同阶段学生在知识与技能、过程与方法、情感态度与价值观等方面的基本要求。换句话说，课程标准设定的教学目标是对高中生的“底线”要求。教师仅按照这一“底线”要求设置课堂教学目标是远远不够的，毕竟高中生还面临高考的压力。同时，课程标准设定的教学目标具有普遍性，而我国不同地域的教育差距较大，这就要求教师在教学实践中，必须根据学校和学生的实际情况，对教学目标进行调整。

此次课程改革给教师留出了比较大的弹性空间，比如物理必修 1 模块，人教版教材（以下所举例子均为人教版）中只有 22 课时的内容，而课程标准安排了 36 课时，这意味着有 14 课时的内容需要教师自己补充。这给教师提供了自主的空间，同时也给课程实施带来了风险，因为课程实施的质量在很大程度上受到教师能力、水平和态度的影响。

为此，我校成立了由学校领导和优秀教师组成的“学校执行课标”课题组，负责编写具有校本特色的“学校执行课标”，把课程标准设定的教学目标转化为学校层面的教学目标，即教学目标校本化。

1. 原则

教学目标校本化遵循“年段分解、底线上移”的总原则。“年段分解”是指将课程标准中设定的教学目标分解到各年级、各学段，转化为学校层面的教学目标，作为教师设定课堂教学目标的重要参考。“底线上移”是指结合学校的校情、教情和学情，在课程标准规定的“底线”基础上适当提高要求。

2. 依据

以国家课程标准为“底线”，以教育部高考大纲、宁夏高考各科考试说明为“上线”，结合学校的校情、教情和学情，设定学校层面的教学目标。

3. 内容

（1）整体规划高中 3 年的课程。过去由于对课程设置缺乏整体规划，导致高中 3 年的教学内容轻重失衡：高一开设的全是高考必考的必修模块，模块数量多，学生的学习负担重，在此情况下，教师很难提高教学目标；高二开设的多为选修模块，大部分内容高考不考，学生负担轻。为了改变这一状况，我们对高中 3 年的课程进行了整体规划，按照必修与选修相结合的原则，重新调整了课程安排，比如把原来在高一开设的生物课调整到高二开设，减少高一开设的必修模块数量。

（2）教学目标校本化。一是对教材中已有的内容设定稍高于课程标准的教学目标，比如在物理必修 1 模块“匀变速直线运动的速度与时间的关系”一节中，课程标准设定的教学目标是“了解匀变速直线运动的规律”。我们结合高考大纲和学生情况，将教学目标调整为“理解匀变速直线运动的规律，并能运用该规律解决速度由正变负、先加速后减速等实际问题”。二是充分利用课程标准中留出的弹性空间，补充新的教学内容，并设定具体的教学目标，比如在讲完物理必修 1 模块中的“探究小车速度随时间变化的规律”一课后，我们增加了一节“用计算机绘制 v–t 图像”课（教材中只有一小段），设定的教学目标是“初步知道如何用 Excel 软件绘制 v–t 图像”。这意味着物理教师必须上这节课，但目标只定位在“初步知道”的层面，教师可以根据本班学生的计算机水平引导学生进行深入探索。

（3）根据教学目标调整课时量。根据课程标准的规定，需要给每个模块安排 36 课时。这种统一规定常常会导致有的课程课时不足，有的课程课时绰绰有余。为此，我们根据教学目标的难度重新调整了课时量。适当增加难度较大的课程的课时量，适当压缩难度较小的课程的课时量。课时调整是为教师落实校本化教学目标提供时间保障。

（4）做好课程资源的收集、共享工作。要想使校本化的教学目标得到较好的落实，还需要有课程资源做保障，特别是那些新增加的教学内容，既没有现成的教材，又没有现成的参考资料，需要教师自己收集资料。这既增加了教师的工作负担，又使教学质量难以得到保障。为此，学校在实验初期便帮助教师做好资源的收集工作，教师个人开发的课程资源通过筛选纳入“学校执行课标”中，实现资源共享。

教学目标校本化在降低课程实施风险的同时，也压缩了教师的自主空间，这极易遭到教师的抵制。因此，在教学目标校本化过程中，需要广泛听取教师的意见，使设定的教学目标比较科学、有操作性。

同时，允许教师在设定课堂教学目标的过程中，对学校层面的教学目标进行再调整。提倡“目标追求相对统一与教法多样性相结合”，鼓励教师结合自己的特点和学生实际选择教学方法，整合教学内容，形成自己的教学风格。

高中新课程改革由形式推向内涵

宁夏六盘山高中作为宁夏普通高中示范学校，在过去三年多的新课程实验中积极探索，取得可喜的办学成绩，得到了自治区领导的高度肯定和社会的普遍赞誉。学校用实际行动为促进教育公平和社会和谐做出了贡献，学校用自己的办学业绩诠释了自治区党委、政府创建宁夏六盘山高中决策的英明。“二轮”课改，在这里特指经过三年新课程实验后的第二个三年的课程改革。宁夏六盘山高中作为宁夏新课程实验的“样本学校”，学校接待来自各省市的新课程考察团 60 余批，代表宁夏参加新课程示范课的教师有 10 余名，在全国新课程实验研讨会上介绍课改经验的学校领导和教师有 20 余名，发表新课程研究论文 80 余篇。四年的新课程实验，我们也清醒地认识到，实践研究的内容仅局限于课程开设形式和对教材的理解等适应课改层面，如何把课改由形式推向内涵是课改要面对的重大课题。

本文作为个案，希望给刚刚进入课改实验的学校和课改后陷入推进困境的学校以启发。

一、加快“教学目标校本化”进程

“教学目标”向来是教学评价的主要依据，新课程也不例外。之所以实现“教学目标校本化”，主要来源于三个方面的原因：一是课程标准中的教学目标不适应学校；二是对“弹性空间”开发不够和缺乏目标；三是教材载体与实际教学目标差距太大，不能确保教学质量。

学校自编的“学校执行课标”的开始使用是我校实现“教学目标校本化”的具体体现，为学校教学评价、教学实施以及学生学习提供了适合校情的标准，是我校把课程的“形式”改革推向“内涵”改革的重要一步，是学校新课程自实践以来最大的成果。由于此项工作刚刚开始，还有许多问题需要解决，因此我们在“二轮”课改中要不断地总结经验，继续坚持“年段分解、底线上移”的总原则，加快“教学目标校本化”的工作进程。所谓“年段分解”，是指将课程标准的要求具体化，细化于各学段、各年级甚至每课堂，以保障适合学校实际的教学目标“日清月结”。“底线上移”是指结合学校的校情、教情和学情，在课标规定的“底线”基础上适当提高要求。

“二轮”课改中，继续在“三个具体原则”下完成“三个主要内容”。“三个具体原则”：一是依据课标、教育部2008年考纲、宁夏2008年高考各科考试说明和学校实际的原则。《基础教育课程改革纲要（试行）》指出：课程标准是教材编写、教学、评估和考试命题的依据，是国家管理和评价课程的基础。可见，课标应该作为学校“教学目标校本化”的主要依据，内容目标是“底线”，而教育部2008年考纲、宁夏2008年高考各科考试说明一般是学校“教学目标校本化”的“上线”（是很重要的参考目标，但绝不是唯一的），学校实际则是“教学目标校本化”的重要因素。二是高中三年课程整体规划原则。一个模块36学时是课标中规定的，但我们在三年的实践中发现，高一全是必修课，而必修课的内容又都是高考必考的，加之开设科目多、学生对高中学习的不适应等，在36学时内很难达到课标要求，更不要说达到高考要求了，而学生进入高二后，虽然开设的模块多，但对每个学生来讲选择学习的模块数量并不多，大部分内容又不作为高考内容，在 36 学时内容易达到课标要求，学生负担较轻。这样从总体上看，学生高一和高二的学习内容轻重不均，缺乏统筹。三是共同开发，成果共享原则。对教师已开发的内容和目标要通过集体研讨进行筛选，使之变成学校认可的成果保留到我校自编的“学校执行课标”中，便于下一级教师使用和完善。真正体现教师是课程的开发者，学校是课程得以充分发展的地方。

“三个主要内容”：一是对教材中已列出的内容，通过补充的办法提高教学实效。由于教材是“依据课程标准和结构进行规定的课程文本”，它实际上代表了“具体化、结构化的课程目标和内容”。因此，学校开发、补充的内容一定要建立在现有的正在使用的教材之上，完全脱离教材而另搞一套是不现实的。补充的内容主要包括经典例题、课前引导、随堂练习、课后提升和单元测试，还包括引导学生思维的讨论，扩大学生视野的科技知识，与本节知识有关的奇闻轶事、背景资料等。二是重点应放在对教材中“弹性空间”和“机动课时”内容的开发上，如人教版物理必修 1 的内容总共有 22 节课，而课标规定用 36 课时完成，这就意味着有 14 节课的空间供教师自主发挥，占 36 节课的 39%，这 39% 课时的内容、目标，需要不同学校根据学校实际做出明确的计划。三是课时规划。教材中所给出的课时与课标计划的课时往往差距较大，造成教师发挥程度不一、效果不同，从而影响了学校教学质量的整体提高。因此，做出与补充内容、开发内容相配套的课时安排是保证教学质量所必需的。

我们要注意在“教学目标校本化”的同时，又不能削弱教师教学的自主权。我们提倡“目标追求相对统一与教法多样性的结合”，即要求教师要达到校本化了的教学目标，但达到目标的方式不作统一规定，各自结合自己的特点和学生实际选择教学方法，整合教学内容，形成自己的教学风格。教师成为教学目标校本化的实施主体，培养教师调适和创新教材的能力。

二、支持、引导教师的教学行为向“更优、个性化”发展

“没有一种方法是适合所有教师和所有课堂情境的，关键是对课堂的理解、对学生的引导和对课堂的把握”，可见理解、引导、把握课堂是促使教师教学行为转变的关键。理解的前提是学习和实践，我们要在认真总结 4 年课改经验的基础上，再组织教师重新学习课标、重新整合教材，把研究的重点放在教师的行为转变对学生一生的影响上。引导的关键是教师的素质，我们一方面要让教师个性化发展，另一方面要通过培训、参加活动不断提升素质，同时也要培养学生的问题意识、交流意识，从而促使教师教学方式的优化，营造一种教学相长的良好氛围。把握的难点是了解学生。一个教师只有走进学生的心里，才能急学生所急、想学生所想，课堂才可能师生和谐。

学校领导和教师的相互配合是“二轮”课改中研究的课题之一。学校要从“强行规定转变”转向“支持、引导转变”，提倡教师教学方法的多样性，引导教师理解新课程的理念，并结合自己的特点，发挥自己的优长，寻找并最终形成自己的教学风格。在宽松的环境中使每个教师的教学行为更优化、更个性。

京剧大师梅兰芳说过：“不看别人的戏，就演不好自己的戏。”我们要多给教师提供可看的戏：名师的公开课、有主题的比赛课、经集体研讨后的研究课、学生眼中的好课，也要积极创设教师外出学习的机会。学校要给教师搭建大舞台，让教师参与更大范围的公开课、大赛，在广阔天地中成长，同时让更多的观众为他们喝彩。

三、寻求课改与提高教学质量的协调一致

我校一直坚持“积极推进课程改革”，尤其坚持开齐、开足必修课，开出 85% 的选修模块，树立“大课程观”，坚持落实“日清月结”，实现“分级目标”的教学原则，取得了课程改革和教学质量的双丰收。三年完成了“学校选修课的设置和课程编排”“新课程下学校管理”的课题并在一定范围内推广。发表论文 80 余篇，自编“课堂导用”丛书 27 册等；首批新课程实验的学生中有 30 多名在各种奥赛获得自治区级一、二等奖，2007 年的高考取得了一本率 52%，二本以上率 75% 的好成绩，从而验证了课程改革与提高教学质量是协调一致的。下一步我们要努力寻求更广泛的课改与提高教学质量的一致性。

要树立大课程观，切勿由于只盯住高考而使课程改革的路子越走越窄。“求新求活”是指多角度理解、多出发点认识同一问题，要给学生提供发挥的空间。

处理好选修课开设与高考要求和学生素质提高之间的关系。2007 年高考考试大纲公布以后，部分学校出现高一分文理、高二不教高考不考的选修内容，甚至个别学校给部分学生（文科学生）不开生物课的现象。我校首届学生由于尝到了“课程宽、后劲足”的甜头，2007 年考试大纲公布后，我校 2008 届不仅没有压缩选修模块的数量，反而从 2007 年 85% 的开出率提升到 90%，高考复习时从只盯住一个选修模块变为盯住两个或三个，从今年高考成绩来看，还是令人满意的。“二轮”课改中，我们要进一步研究如何更多地开设选修模块，证实“课程宽、后劲足”的结论。

要通过研究和实践为高考体现新课程的理念建言献策。宁夏是首批进入课改的四省区之一。我校是宁夏新课程实验的“样本学校”，高考如何体现新课程理念是我们一直探索的课题，一是要适应新的高

考模式，二是要积极推进高考引导新课程的实验，真正做到高考与新课程实验同步推进。

总之，推进新课程改革将会更深刻、更广泛，同时也会更艰难。我校一定要进一步更新观念，强化“五个意识”，即“三年课程整体意识，探究问题的意识，开放意识，课题意识，实现目标意识”。我们要踩着新课程的鼓点，努力把新课程理念从有意应用变成无意应用的自觉行为，努力探索适合校情的课程改革路子，推进新课程实验进程，以更加优异的成绩，为自治区五十大庆献礼。

倾力打造民族教育品牌

温家宝总理在 2008 年 8 月 18 日考察宁夏时指出："国家的未来在教育，在孩子。让孩子上得起学、上好学是社会发展的根本任务。"我国改革开放 30 多年，上得起学的问题在城市和农村义务教育阶段已得到基本解决。但少数农村孩子上不起高中和部分农村孩子无法实现上好学的现状依然存在，因此，实现"让孩子上得起学、上好学"的任务还很重。2003 年，自治区党委、政府高瞻远瞩，创建了宁夏六盘山高级中学，免费招收宁夏南部贫困地区的初中毕业生。贫困山区的孩子不仅上得起学而且上好学，从根本上解决了这些孩子的家庭脱贫问题。由此，"扶贫教育""民族教育"就成了宁夏六盘山高级中学显著的办学特点。为了让山区孩子能在学校得到良好的教育，几年来，学校努力创建"优质示范学校"，并以优异的办学成绩赢得了社会的认可。"优质教育"又成为学校另一显著办学特点。

一、扶贫办学的背景与现状

1. 扶贫办学的背景

宁夏南部山区是全国有名的贫困地区。多年的扶贫投入没有从根子上解决贫困，但给人们一种共识：恶劣的自然条件虽然是形成贫困的原因，但思想的闭塞与保守、劳动力素质不高和人才匮乏阻碍着脱贫致富的步伐，这才是最主要的原因。要彻底改变山区贫困落后的面貌，找到一条从根子上脱贫致富的有效途径，必须先根治愚昧，要从改变思想观念入手。2003 年，自治区党委、政府果断决策，在首府银川兴建一所专门招收宁夏南部山区贫困孩子的学校——宁夏六盘山高级中学。由此，宁夏六盘山高级中学就承载了“扶贫教育”的大任。学校每年向宁夏南部山区 9 个县(区)和各移民吊庄区招收学生1000 名(2008 年开始每年招收 2000 名），免学费、杂费和住宿费，政府对学校农村户籍（占 70%）的学生每月补贴生活费 100 元。让山里孩子接受优质教育，促进了教育公平。

2. 扶贫办学的现状

学校除了执行好政府的有关扶贫政策外，还多方努力，实行特困生救助制度。每年设立约 17 万元的特困生助学金，资助家庭经济特别困难的学生，保证其顺利完成学业；积极争取社会资助资金，每年筹集 64 万元，资助学生 2700 多人。为了能让更多农村的孩子来六盘山高级中学读书，充分体现党的扶贫惠民政策，2007 年学校 30% 的招生指标切块到薄弱学校和农村学校，2008 年切块 35%，2009 年切块 50%。宁夏六盘山高级中学的建立使部分贫困家庭的孩子实现了上好学的愿望。学校现代化的教学楼、科技楼、体育馆以及标准化的足球场一应俱全；学校面向全国公开招聘优秀教师，建成了一支德才兼备、业务精湛的优秀教师队伍。学校现有的 270 余名教师中，国家级骨干教师 2 人，自治区级骨干教师 31 人，高级职称教师 81 人。在“输血”的同时，学校还强化自身的“造血”功能。在中国教育学会、中国人民大学附中的协助下，学校大力开展校本教研，提升教师素养。学校全体教师通过共同努力，办学成绩得到了社会的认可。学校成功地建立起以“无教师监考”为抓手的德育体系和以“教学目标管理”为核心的教学质量保障体系。办学以来的高中会考和水平测试成绩一直保持全区前列，2006年首届学生高考二本上线率达到68%、一本上线率达到42%，2007年至2009年高考二本上线率达到75%、一本上线率达到50%。到2009年，已经从这里走出2600多名考上大学的学生。这充分体现了胡总书记提出的“发展为了人民，发展依靠人民，发展成果由人民共享”的重要思想。

二、扶贫办学内涵的丰富，有力地推动了学校快速发展

在丰富扶贫办学内涵的过程中，形成和生成了学校可持续发展的新特点，为学校向更高层次发展、建设学校特色都起到了非常重要的作用。2003年，在国家义务教育阶段的“两免一补”政策还没有实行的情况下，自治区党委、政府作出了对山区孩子实行免费入学和政府补贴生活费的“三免一补”政策。这是政府惠民政策和扶贫理念的重大突破。这一举措，在全国也属首创。

在宁夏六盘山高级中学，山区孩子真正享受到了优质教育。学校在发展过程中，恰当地处理了眼前与长远的关系，不仅使“政府办校意向”得到了很好的充实、提炼、凸显和稳固，而且给学校可持续发展注入了新的活力，从而提升了学校的办学层次，丰富了优质教育内涵。学校建立了“以学生为主体，以教学为中心，以质量为目标，让每一个学生得到充分发展”的办学理念。在开齐、开足、开好所有必修课的同时，开出85%选修模块和30余类校本课程，形成了“课程宽，后劲足”的开课共识。每晚的新闻课，学生从中了解国内、国际形势，学会分析问题和思考社会问题，培养了学生的政治觉悟和社会责任感。学校常把部队标兵、治沙英雄以及各行各业的精英请到学校给学生作报告，在学生心目中树立榜样；学校积极争取各种大型活动的承办权，如自治区未成年人思想道德建设启动仪式、自治区中学生运动会等，目的就是让学生开眼界。以激情演讲、美文诵读、才艺表演等为内容的“快乐 10 分钟”（每天下午第一节课前 10 分钟），成为孩子们展示才艺、展示自我的大舞台。学校实施以“教师每天阅读 30 分钟，学生每天阅读课外书 20 分钟”为内容的“阅读工程”，努力提高学生的人文素养。

宁夏六盘山高中为山区贫困家庭的孩子提供了上得起学、上好学的公平机会，给了山区孩子一片蓝天，给山区老百姓以希望。“社会的公平首先是教育的公平，孩子们享有同等教育机会，才能有光明的前途和希望。”

新建学校如何培育与凸显特色
——以宁夏六盘山高级中学发展为例

近年来，社会对教育发展的需求不断加大，全国各地由政府投资兴建了一批规模大、起点高的新学校，在短期内形成了鲜明的办学特色。宁夏六盘山高级中学就是这样一所学校。笔者以宁夏六盘山高中为例，探索新建学校如何把建校初期政府办校意向变成学校办学特色，以及如何巩固、发展和丰富这些特色。

一、建校初期学校要抓住时机，提炼出办学特色，使学校走上发展的快车道

政府办校意向是指政府在筹建学校时或办学过程中提出的较明确的办学定位或特点，包括政府决策、政府主要领导讲话等。如宁夏回族自治区党委、政府在创建宁夏六盘山高级中学时提出学校命名要体现“三突出”：突出地域特色——六盘山；突出学校培养对象——农村贫困学子；突出学校办学目标——民族和谐、扶贫、公平优质教育。“学校定位是面向宁夏南部山区招收初中毕业生，面向全区或全国公开招聘教师，实行全员聘用制，公开招聘校长，按新机制运行，加强管理，狠抓质量，办成自治区一流的示范学校。”这是宁夏回族自治区党委书记在《自治区教育厅关于建设宁夏六盘山高级中学有关问题的请示》报告上的批示。

政府办校意向往往对新建学校办学特色的形成起着极其重要的作用，如确定办学定位、办学方向等，学校办学特色的形成往往都充分体现当初政府建校的意向。在实践中我们体会到，把政府办校意向提炼成学校办学特色的过程，是学校执行、理解、内化、丰富政府意向的过程，也是明确学校发展方向的过程。在宁夏六盘山高级中学办学特色的形成过程中，政府办校意向就起到了重要的指导作用。

“宁夏六盘山高中面向宁夏南部山区招生”是一项政府扶贫惠民政策。宁夏南部山区是全国有名的贫困地区，多年的扶贫投入没有从根本上解决贫困，但人们达成了一种共识：扶贫先扶智。2002 年，宁夏回族自治区党委、政府果断作出决策：在首府银川兴建一所专门招收南部山区贫困孩子的学校——宁夏六盘山高级中学。由此，宁夏六盘山高级中学承载了“扶贫教育”的大任。学校每年面向宁夏南部山区 9 个县和各移民吊庄区招生 1000 人，免去学费、杂费和住宿费，政府对农村户籍（占 70%）的学生每月补贴生活费 100 元。学校还经多方努力，实行特困生救助制度，每年筹集百万元资助资金帮助家庭经济特别困难的学生，保证其顺利完成学业。“扶贫教育”成为学校的一个显著特色。

“办成自治区一流的示范学校”“公平优质教育”等指示明确要求学校要办出质量，让山区学生享受优质教育。在宁夏六盘山高中创办之前，宁夏南部山区尽管有相当一部分县城中学办得较好，但容量比较小，加之较高的学费，家庭贫困的学生享受优质教育的机会很少。为了实现教育公平，促进社会和谐，让更多贫困家庭的孩子不仅有学上、上得起学，而且享受和城里孩子一样的优质教育，宁夏六盘山高中建校初期就有很高的定位，提出“四个一流”的建设目标，即一流的办学条件、一流的师资队伍、一流的管理水平、一流的教育质量。为了尽快实现优质教育，学校提出“现代化、高质量、有特色、创一流”的办学目标和“以学生为主体，以育人为中心，以教学质量为目标，让每个学生得到充分发展”的办学理念，开展了以“良好习惯养成”和“无教师监考——诚信考试”为核心的德育养成教育，大力营造师生相互信任的学习和生活环境，让教师自觉敬业，让学生的潜力得到最大程度的挖掘。2005 年 9 月，六盘山高中被授予“自治区普通高中一级示范学校”称号，成为政府放心、百姓信任的优质学校。“优质教育”成为六盘山高中第三个办学特色。

“自治区首府建校，山里孩子享用”“政府掏钱，学生念书”“扶贫教育、民族教育、优质教育”的办学模式和办学特色被新闻媒体称作“六盘山教育扶贫办学模式”。《焦点访谈》《新华每日电讯》《中国教育报》《宁夏日报》《人民教育》等都介绍了宁夏六盘山高级中学的办学模式、办学特色和办学效益。

二、初步形成的办学特色要巩固、发展和进一步培育，使学校走上内涵发展之路

学校办学特色是指学校在长期的办学实践中所形成的独特的个性风貌和风格，且比较稳定，具有鲜明的文化特征，具有特殊成就和育人效果。一所学校建校初期在政府政策的引导下，经过一批人的努力，一般会出现一些特色，可能很明显，也可能较模糊。模糊需要我们继续提炼，直到特色明晰。即使特色很明显，也一般形成时间短而稳定性不够，还需要我们继续努力挖掘潜力、丰富内容，尤其要丰富文化内涵，精心培育，让初见成效的特色丰满起来。

宁夏六盘山高中建校初期已经形成“扶贫教育、民族教育、优质教育”，要让这一特色更加凸显，从而深入人心。

为了能让薄弱初中和更多农村孩子到示范性高中读书，充分体现党的扶贫惠民政策和教育公平，自治区教育厅对示范性高中招生指标切块到薄弱学校的比例从 2007 年先后作出 30%、50%、55%的规定。六盘山高中坚决执行此规定，招收的农村学校和薄弱学校的学生数量大幅度增加，覆盖了宁夏所有贫困地区的学校和村庄，可以说，六盘山高中的招生突破了贫困地区的“最后一公里”。除了继续免去学生的学杂费、住宿费外，还把每个农村孩子的生活补贴从原来的每月 100 元增加到 150 元，同时给城市低保户孩子每月也补贴 150 元生活费。2014 年，六盘山高中积极响应自治区教育厅实施优质教育学校“扩面提升”工程安排，帮扶海原兴海中学，实施“名校带弱校”战略合作，平衡川区优质教育资源向山区倾斜，实现了自治区内跨区域办学。从此，六盘山高中扩大了扶贫教育和优质教育的范围，更多的山区孩子在家门口享受到全区最优质的教育。

六盘山高中办学得到政府的肯定和山区老百姓的认可后，渴望到六盘山高中上学的初中毕业生更多了。六盘山高中扩校后，针对 120 个教学班、6000 名学生的办学规模和全寄宿制特点，学校积极探索优质、高效的管理模式，不断丰富优质教育的内涵，走“内涵发展，办名学校”发展之路，实施“行政层级性、任务目标型、模块网络式”管理策略，在不断探索实践的基础上，形成了严谨高效的“一校六部、统筹协调，年级设部、模块管理”的管理运行机制，明确“宁夏示范、西北一流、全国知名，有文化底蕴、有个性特色、有品牌优势的现代化学校”为学校今后的发展目标。从此，学校管理工作走上规范管理、科学管理、依法管理、民主管理、高效管理的轨道，稳固了优质教育，促进了学校全面快速和内涵发展。学校倡导“高素质下高质量”，开齐、开足、开好所有必修模块，开出 90%的选修模块，开设校本课程 50 多种，建立学生课程实践基地 7 个、学生社团若干个，不仅有力地推动了所有学生综合素质的提高，而且部分学生的个性特长得到了充分发展，“优质教育”特色的内涵得到了进一步丰富。

开展“第二父母行动”　引领学生健康成长

“随迁子女”指的是由于父母打工而随父母离开自己户籍所在地，到另外一个地区居住的未成年人。教育部《2015 年全国教育事业发展统计公报》指出，全国义务教育阶段在校生中，进城务工人员随迁子女共 1260.97 万人。另据报道，2001 年，东莞全市义务教育阶段随迁子女在校生只有 9.94 万人，而 2015 年，全市义务教育阶段随迁子女在校生达 75.65 万人，占全市义务教育阶段在校生总数的 81.52%。随迁子女人数如此之多，解决好随迁子女的教育问题成为一项重要的课题。

近些年，政府在随迁子女有学上方面付出了很多努力，可以说成效显著。笔者认为，解决随迁子女上好学的问题不仅政府有责任，学校也有很大的探索空间。宁夏大学附属中学随迁子女占在校生的比例较大，现以学校开展“第二父母行动”为例，谈谈学校关爱随迁子女，促进学生健康成长的探索和实践。

一、随迁子女上学存在的突出问题

部分随迁子女和父母生活在城市的边缘。由于父母起早贪黑为生计奔波，这些孩子回家后很少与父母交流，因此随迁子女出现的问题也就不同于住校生和城市生。

得不到父母正常的关爱是学生面临的最大问题。随迁子女的父母进城后，为了生计早出晚归，与孩子的作息时间不同步，包括周六和周天，家长与子女的有效交流比较少。这些学生就有可能因缺少父母及时的引导和关怀而出现厌学心理或心情苦闷。

随迁子女难以融入当地学生群体。随迁子女跟随父母从农村到城市，一时不能很好地融入所生活的城市，同时一部分学生不满意父辈辛苦工作养家的生活现状，通常会出现与住校生、城市生不同的心态。加之随迁子女的家长受教育程度普遍较低，大部分家长缺少家庭教育的知识和方法，不知道如何教育、引导孩子，如果在学校得不到教师更多的指导与关爱，这些学生很容易迷失自己，误入歧途。

二、学校要积极干预，尽最大可能引导孩子健康成长

随迁子女缺少父母关爱而导致的心理问题、学习动力缺乏问题，不仅需要家长积极主动承担起监护人的职责，而且需要学校积极干预。学校要设法弥补随迁子女所缺少的父母关爱，因为孩子不能耽误。宁大附中针对这些学生开展的“第二父母行动”，是学校弥补随迁子女缺少父母之爱、给学生更多帮助的有益尝试。

“第二父母”及“第二父母行动”，宁大附中为每个行政班安排一名主班主任和两名副班主任，称之为学生的“第二父母”，即除了父母以外的最关心和给予孩子帮助的“第二位监护人”。三位班主任老师共同管理一个班的学生，每位班主任负责15~20名学生的管理任务。充当学生“第二父母”的老师与学生结对实行“双向选择”，学校先公布每个班的主班主任和副班主任人选，之后学生自愿报名选择，最后由年级协调确定。学校还尝试让教师选择喜欢自己任教学科的学生为指导对象；学生也可以选择不给自己代课的教师为“第二父母”。经过一段时期的实践，“第二父母行动”是宁大附中关爱学生，承担教育职责一种积极有益的尝试和探索。

宁大附中开展“第二父母行动”是基于学校的校情需要。宁大附中位于银川市西夏区，是一所公办学校，生源主要为学校周边的居民。据了解，不少学生家长都是做生意的。在一次抽样调查中，600 个学生家庭，有 513 个学生的父母无固定职业，其中大部分为宁夏“政府搬迁户”和非本城市户。家长早上六点多出去打工或经营生意，晚上十点多才能回家，加之父母文化程度不高（482 个家庭的父母无大学学历，占 600 个学生家庭的 80.3%），大部分孩子上学处于有家长无管教的状态。那么，谁来教育这些学生，让他们健健康康地成长成才呢？学校责无旁贷。就是基于这样的理念，宁大附中实行“第二父母行动”。作为学生“第二父母”的班主任老师，除了常规的家访、电话沟通以外，还采用短信、微信交流及召开家长会等形式与学生家长交流沟通。正、副班主任统一纳入学校班主任管理和考核，考核项目较以前增加了学生每月问卷、家长每月问卷，以及每人所负责学生的思想动态、学习进步情况，每月发放班主任津贴。

学校开展“第二父母行动”后，由三个班主任老师共同负责管理一个班级，每个学生都有自己的“第二父母”，在遇到困难时会及时得到老师有针对性的关爱和指导。“第二父母”的主要任务：一是在学校承担学生“第二父母”的职责，对自己所负责的 15~20 名学生给予关注，随时了解他们的思想变化，生活、学习等状况，及时排解困惑、疏导情绪，让学生在学校仍能感受到家的温暖；二是教师深入了解学生在学习方面的问题，随时释疑解惑，发现学生的兴趣、特长等，随时鼓励并创造条件帮助学生建立自信；三是在全面了解学生的情况下与家长定期沟通，帮助指导家长学习家庭教育的科学方法，以有效教育孩子。学校开展“第二父母行动”后，班主任除了承担传统意义上的班主任职能，如管理班级纪律、班级活动等外，还要承担“第二父母”的责任。三个班主任老师做到分工不分家，主班主任既管又导，副班主任主要是导。

通过两年的实践，学校的绝大部分学生认为“第二父母”在他们的发展进步中起到了非常重要的作用。他们的自信心增强了，变得更加自律。遇到班级纪律、活动方面的问题时，这些学生第一个想到寻求帮助的人是自己的班主任。平时有什么心事和困惑，学生都愿意向自己的“第二父母”倾诉。有一位学生这样跟自己的班主任倾诉他的烦恼：“我的父亲爱抽烟，经常在我们住的小房子里一根接一根地抽烟，啥都不懂，还爱教训我们兄妹。我就看不惯我父亲的坏习惯。”

担任学生“第二父母”的教师对自己所负责的15~20名学生既要充分了解，又要尝试新的与学生交流沟通的方式，从而增强教育引导的针对性、有效性和感染力。有个学生说：“我的学习确实不咋样。副班主任看到我个头高，私下就让体育老师留意一下我，看看我在体育运动方面是否有潜力。一天下午，副班主任对我说，你何不尝试加入学校排球训练队试试呢？”这个高个子同学说：“不试不知道，一试吓一跳。这才发现我喜欢排球，教练也喜欢我，认为我是块料。现在我有了新的目标，准备考体院。”学校在实践中发现，家长与孩子“第二父母”交流的内容比原来更丰富、更深入，关系也更融洽了。一位家长感激地说：“管我儿子的那位老师可认真了，她非常了解我儿子，我儿子爱吃什么，有啥习惯她都一清二楚。”一位家长在问卷中这样写道：“我喜欢与这位老师交流，我儿子也喜欢、敬佩她。我儿子有这样的老师带着，我放心。”

三、宁大附中开展“第二父母行动”效果显著、意义重大

“心在哪里，收获就在哪里。”宁大附中开展“第二父母行动”，不仅使随迁子女上好学效果显著，而且对高中以后走班制教学改革和留守儿童教育都有一定的启发。

学生得到了更多的爱和关注。由于学生与“第二父母”是经过“双向选择”确定的关系，这种关系相对比较紧密，“第二父母”愿意付出时间和精力深入地了解学生，学生也愿意接受“第二父母”对自己的关心和帮助。这样，教师的指导使学生时时能感受到关爱，问题随时得到解决，学生阳光了，学习也自觉了。

家长、社会对学校的评价越来越好。家长看到孩子懂事了、生活开心了、学习进步了、对老师和家长更尊重了，打心底里高兴。学生有了自尊、自爱和自信，就有了社会责任感。他们的这些变化，从方方面面都能看到、感受到。

为高考改革“走班制管理”积累了经验。新的高考改革必然实行走班制，每班一个班主任的传统设置必然会改变。流动的学生会“分而管之”，学生会分成若干个小组，如物理小组、政治小组等，每个小组会配备一个“组主任”。宁大附中实行的一个班三个班主任管理模式，正是以后走班制“组主任”模式的探索。“双向选择”“主、副班主任”“分工不分家”“共同考核”等做法，给“走班制管理”提供了可借鉴的经验。

为解决留守儿童的教育问题提供了一些借鉴。据报道，我国目前有留守儿童约6000万。这是个很大的群体。留守儿童的教育问题也是社会的重大课题。“第二父母”“双向选择”“管理和疏导并用”等探索实践也给解决留守儿童教育问题一些有益的启示。

推进“第二父母行动” 实现学生个别教育

笔者曾在《宁夏教育》2016年第9期发表过一篇题为《开展“第二父母行动” 引领学生健康成长》的文章，至今已经过去了四年，学校开展“第二父母行动”的内涵和着力点已经发生了巨大变化。学校在学生个别教育方面成效显著，“第二父母行动”案例也被教育部评为“2017年全国德育优秀案例”。

一、“第二父母行动”内涵更加丰富

“第二父母行动”是针对宁大附中学生大部分是随迁子女的校情设计、自2015年秋季实施的一项教育改革。

所谓“第二父母行动”，是指学校为每个行政班安排一名主班主任和两名副班主任，三位班主任共同为学生的“第二父母”，即除了父母以外最关心和给予孩子帮助的“第二监护人”。每位“第二父母”承担15~18名学生的指导任务。“第二父母”与学生结对实行“双向选择”，年级协调确定。落实“第二父母”制度的行动就叫“第二父母行动”。

开展“第二父母行动”初期的任务是教师多与学生交流，了解学生，及时解决学生的学习困难和纪律问题。

推进“第二父母行动”后期的任务是以“学生自主发展，教师全员服务”为主线，最大限度地对学生进行“五指导”，即生活指导、品行指导、学业指导、心理指导、生涯指导。显然，“第二父母行动”后期的内涵更加丰富、任务更加宽泛。

二、强化教师的服务意识，让师生相互理解、相互尊重成为习惯

教师没有真正意义的服务，学生就没有真正意义的自主，这是我们现在普遍认同的观点。学校进一步强调，教师必须由以往的“高高在上”“一言堂”转变为平等、尊重的服务，培养服务意识从师生换位体验、做生命“合伙人”开始。

教师从学生的角度体验。学校要求每位教师作为学生的“第二父母”，在班里陪学生一天，融入班集体，设身处地感受、体验学生的学习生活。有位教师跟班一天后说：“真累，每个老师满满当当的课让人没有喘息的时间，练习题一套又一套应接不暇，一天下来还有几套练习题等着晚上‘消灭’。我真正理解了学生有时为啥脾气大，有时为啥与老师顶牛。我们该主动帮帮学生了。”

教师充当学生的“合伙人”。学校要求每位教师作为“第二父母”，尝试与一位同学设计一份个性化学习计划，与班长设计一堂班会课，与同学们一起设计一个节目。这些活动都强调师生共同参与，就是让“第二父母”和学生体会教育的目的就是为了每位同学取得进步、得到发展、体验成功，师生其实就是“合伙人”。

三、关注教师与学生真诚交往，解决学生的真问题

没有交往就没有深入了解，没有深入了解就没有相互理解，没有相互理解就不可能有信任，就谈不上解决问题。交往是了解的前提，真诚交往是解决问题的关键。学校向教师提出要求，推进“第二父母行动”，师生交往由数量向提升师生交往质量转变，要真诚交往，解决学生的真问题。

师生交往向提升质量转变。实行“第二父母”初期，学校政教处规定，教师每个月必须与自己负责的每个学生谈话谈心两次，与学生家长电话（或微信）或见面交流一次，并将这些工作记录在案，月底检查。这些规定虽说是量化的硬指标，但两年下来，“第二父母行动”使老师与学生交流频繁了，教师对学生的了解更多了，解决问题的效果也比以前好了。推行“第二父母行动”后期，学校政教处对教师的工作检查由原来的每月一次变为每学期一次。现在，每位充当“第二父母”的教师一个学期下来与学生谈话的次数比原来规定的多很多，相当一部分是学生主动找老师谈。谈话内容也比以前更加广泛、更有深度。一位同学两年来第一次向老师透露：“我爸妈经常约一帮人在家打麻将，把本来不大的房间弄得乌烟瘴气，有时我和妹妹放学没饭吃、没处学习，我都想离家出走。”之后，老师进行了一次传统家访，与这位学生的父母认真地谈了一次。据学生反馈，父母不在家里打麻将了。此后，师生之间更多了一份信任和理解，学生的烦恼得到了解决。有了信任就有了真正的理解，就能够发现问题、解决问题，也就有了真正的教育。

四、重视教师指导水平的提升

学校仅仅提出要求还远远不够，教师仅仅有工作主动性也不够。领导和教师除了明确引导的方向、用劲的地方以外，还得具备教育能力。学校进一步向教师提出：作为“第二父母”的教师，要改变以前以“管”为主的指导方式，把只管学生的学习、纪律，扩展到对学生进行“五指导”，即生活指导、品行指导、学业指导、心理指导、生涯指导。

学校针对教师对学生进行心理指导缺乏系统性、科学性，生涯指导缺乏系统性等问题，采取了一系列改进措施：一是安排外出学习机会较多的副校长、主任担任“第二父母”，为教师开展“第二父母行动”树立标杆。二是组织教师外出参加培训，激活他们的思维，增强学习的内动力。三是聘请宁夏大学心理学专家为教师如何做好“第二父母”举办专题讲座，帮助教师提升心理指导的科学性。另外，学校每学期举办一次“第二父母行动”经验交流会，引导教师交流经验，不断提高教育艺术。

在实践中学习。一位教师说：“我和一位学生谈交友方面的问题时，学生说了一句‘老师其实你不懂我们’。”这句话刺激了这位老师，他下功夫补课，最后获得了学生的信任，与学生成为好朋友。正是老师这种锲而不舍、不服输的精神，使“第二父母”这支队伍的素质在学习中、感悟中、实践中得到了提升，对学生的健康成长发挥更大的作用。

五、注重教师个性化订单式指导，实现学生个别教育

一位老雕刻家说过这样一句话：“原材料像什么才会雕什么。”是啊，我们不正是找准每个学生像什么，而后进行心灵的塑造和能力的培养吗！学校进一步明确：“第二父母行动”出发点和落脚点必须放在学生个别教育上，改“群教”为“个教”，把一对一辅导变为现实。张老师与一位学习用功但成绩不很理想的学生共同制订了一份学习计划：先弄懂教科书上的作业题，否则其他题不做。就这样一个再简单不过的计划，半学期后见效果了。李老师作为“第二父母”，发现自己的学生虽然不爱学习，但身体素质很好，就鼓励这位学生到足球特长班试试，在体育方面发挥他的特长，并私下给足球教练安顿好。这个学生去了校足球班，2018 年顺利考上了体育大学。学校 2016 年有 15 人、2017 年有 25 人、2018 年有 48 人先后被体育、艺术院校录取。这充分说明“第二父母”因材施教、因势利导成效显著。

落实一对一试卷设计目标。某班的 18 个学生，有的可以在 100 分钟内答完试卷并且答得很好，但有的 120 分钟才能答一半还错误很多。面对如此现实，“第二父母”给不同的学生设置不同的努力目标，有

80 分的、60 分的、40 分的，让他们实现最基础的目标，以后逐渐增加目标值。学生从中感受到教师的关注，体验到成功的喜悦，他们努力想获得进步。

把一对一家长会变成常态。开展“第二父母行动”初期，班级家长会由三位教师负责组织，由于这三位教师都对自己所指导的学生很了解，与家长交流就有针对性，家长满意而归。推行“第二父母行动”后期，家长主动找“第二父母”了解孩子情况的多了起来，家长与老师配合解决问题的效果明显好于过去，“第二父母”与家长一对一交谈逐步成为常态。

学校自 2015 年秋季开始实施“第二父母行动”，到现在已经 4 年了，从 2015 年的萌芽阶段，到 2017 年的成熟阶段，再到如今的完善优化推进，经过总结、推进，再总结、再推进，形成了鲜明的学校德育实践特色。

第二部分　我的校本教育思想

每个人都有自己的生活、工作、娱乐圈子，每个圈子都有特定的文化，人各有志，各有好恶，不必强求一致。我们应该用自己的德行、知识、智慧甚至思想主导或影响这个圈子，以正能量使自己及圈子中的人不断进步。作为普通教师或校长，这种主导和影响往往是以学校为本的，这便是校本，由校本产生的想法、观点、思想便是校本思想。

我认为，普通人也会有思想，而不只是大人物才有思想。“在其位谋其政”，“谋”就是要有策略、有目标、有办法，而这种策略、目标、办法，对于校长来说就是校本思想。就学校而言，校长、主任、班主任、教师各司其位，既然在其位，干工作就一定得“谋”，即有思想地工作。每个人只要翻翻自己的学习、工作笔记，就会发现自己干工作真的是有思想的，只是没得到高度重视而已。

我的校本教育思想

“校本教育思想”指基于某个学校实际提出的，经过学校实践检验的，对学校管理或教育教学起到积极作用的思想。

如果你是一名优秀的教师或者校长，那么你一定有你自己的教育思想。有些教育思想是显现在教育中的，不仅自己受用，而且给别人启示，这种教育思想是能表达清楚的。有些思想是隐藏在教育过程中的，主要是自己受用，这种思想“只可意会不可言传”。我今天写出来的，正是我从教 40 年所总结的教育理念、思想，对别人到底有没有启发我不敢肯定，但对我自己的成长以及学校工作的推进曾经起到很大作用，甚至有些理念、思想形成的制度，现在学校还在贯彻执行，并成为学校的一种文化。也许跟名人名家相比，我的这些理念、思想缺乏波澜壮阔，甚至显得很平庸，因此也就够不到名家更够不到教育家的高度，但从中可以看到具体实践的我或者和我一样的人，对教育事业的执着追求以及奋斗过程。

1992，初出茅庐略有小成

我是 1984 年 7 月从宁夏大学物理系毕业分配到宁夏固原二中的。1992 年任学校教务处副主任，1994 年任教科室主任，1997 年任主管教学副校长。2003 年 7 月我从固原二中调出。其间，我提出或补充提出的校本教育思想主要有两点：

①“低进高出，高进优出”。

②“团结奋进，不甘落后”。

当时的宁夏固原二中是固原市原州区县级重点中学，是一所完全中学，有近 3000 名学生。固原二中的主要竞争对手，或者说主要追赶对象是固原一中。1994 年，固原二中在韩宏校长的带领下，学校发展的气势很盛，师生都憋着一股不愿也不甘落后的执着和自信。“低进高出，高进优出”和“团结奋进，不甘落后”就是这个时期提出来的。就凭着这股劲，1995 年以来，固原二中的专科以上升学率高于固原一中，固原二中在社会上的声誉随之逐年提升。这种不服输的精神一直把固原二中带上顶峰。

所谓“低进高出，高进优出”，是指中考成绩较差的学生进入固原二中经过三年高中的培养取得很大进步，考上大学；中考成绩较好的学生进入固原二中经过三年高中的培养一定能考上好的大学。准确地说，“低进高出，高进优出”和“团结奋进，不甘落后”是时任固原二中韩宏校长首先提出的，我是主要补充者，算是我初出茅庐后提出的意见第一次被采纳。“低进高出，高进优出”，在现在人的眼里没有多少新意，太常见了，但在 1996 年左右全国出现“二中现象”（二中的声誉似乎比一中的好，二中的高考升学率比一中的高，固原二中也是如此），还是很有激励人奋进、赶超一中、不断自我超越的重大作用。“低进高出，高进优出”和“团结奋进，不甘落后”提出后，教师憋着“非要超过一中”的劲，学生铆足“我也能考上大学”的精神苦学，不难想象在那几年，固原二中是以怎样的精神面貌奋起直追固原一中而取得辉煌成绩的。

一个有价值的校本思想，对学校发展的作用是不言而喻的，是应该记入校史的。令人欣慰的是，我在固原二中现在的文件中还能看到“团结奋进，不甘落后”和“低进高出，高进优出”的表述，这是文化，是文化传承。

2003，课程改革给机会

我是 2003 年 7 月从固原二中招聘到宁夏六盘山高级中学的。2003 年 8 月担任学校教科室主任，2005 年 11 月担任校长助理，2007 年 5 月担任主管教学的副校长，2015 年 11 月调离六盘山高中。其间，我提出的主要校本教育思想有五点：

①课程宽，后劲足。

②教学目标校本化：年段分解，底线上移。

③二轮课改：坚持“三个具体原则，三个主要内容”。

④“宁夏六盘山高级中学校徽”和“宁夏六盘山高级中学校歌”创作，集中体现“扶贫教育、民族教育、优质教育”显著特点。

⑤书，宁可让学生读坏、读丢，也比躺在书库里睡大觉强。

宁夏六盘山高级中学是 2003 年创建的，学校在银川市金凤区，招收的学生是宁夏贫困地区 8 县学生，是一所扶贫性质的全寄宿制高中，学校为自治区教育厅管理。学校学生近 6000 名，教职工 450 人。学校具有“优质教育，扶贫教育，民族教育”的特点。

教育部决定高中课程改革2004年首先在广东、山东、宁夏、海南实施。由于是首先实施，没有成套的教材，只能上第一册教材的同时等待第二册教材；没有高考考试大纲，好像航行没了方向；也没有别处成功的实践经验可以借鉴，大家只有“摸着石头过河”。正是“摸着石头过河”，才给了首先实施新课程的省区更多实验空间，更多做法的机会，宁夏六盘山高中也是如此。“首先实验”也给了实验的地区、学校和个人成名的机会，在这种“摸”“创”中使一批学校成为名校，一批教师成为新课程实施名师。我也成了小有名气的课改“专家”，组织制定了《学生选课指南》《高中三年课程方案》、学分卡等制度，编写了一套《课堂导用》等；代表学校给前来参观的外地领导、教师讲解新课程实施经验，每周至少讲2次；撰写发表了《从“雾里看花”到“柳暗花明”》《二轮课改从形式推向内涵》等一系列有实际指导意义的文章。我著的《十年课改我们走了多远——我亲身经历的高中课改》和主编的《六盘山教育实践》（六盘山高中校刊）全面记录了我和学校在推进课改中的主要观点和成功经验。

“课程宽，后劲足”是我在宁夏六盘山高中2007届首届实施新课程学生高考取得优异成绩的情况下总结提出的。“课程宽，后劲足”是指高一、高二开设大量高考不直接考的课程内容供学生扩展视野、增加阅读量，到了高三复习时、高考答题时就有储备、有力量。背景是，当初新课程实验时学校除了在高一、高二开出必修课程外，还开设大量选修课程和校本课程，如开设英语的第九册（高考不考，是供学生阅读的材料）课程，历史、地理选修课程等。首届新课程学生在2007年高考取得优异成绩后，学校在组织教师总结经验时，形成的一个共识就是“课程宽，后劲足”。大家认识到，“课程宽”正好弥补了学生阅读量小、知识面窄的缺陷；“课程宽”迎合了新课程高考中“加大阅读量”的要求，学生在平时的教学中已经学会了怎样从材料中提取有用信息的方法。“课程宽，后劲足”成为六盘山高中课程设置的原则，一直贯彻执行。

“教学目标校本化：年段分解，底线上移”是我在2004年新课程正式实施后的三年中一边实践一边总结的，于2008年正式提出，是学校教学目标校本化的具体体现。“教学目标校本化”是指教学目标根据学校实际设置，可以比《学科课程标准》规定的高一些也可以低一些。“年段分解”是指根据学校实际情况将《学科课程标准》的目标校本化，以更加适宜本校情况。六盘山高中的实际情况是，将《学科课程标准》设定的教学目标分解到各年级、各学段，转化为学校层面的教学目标，作为教师设计课堂教学目标的重要参考。“底线上移”是指结合学校的校情、教情和学情，在《学科课程标准》规定的“底线”基础上适当提高要求。“年段分解，底线上移”一直作为学校新课程推进中课程目标的设置原则，使学校的教学走在既符合新课程理念又适合学校实际且高效运行的轨道上。“年段分解，底线上移”也是学校为全国新课程实验提供的一条成功经验。

2007年完成三年一轮课程改革后，学校面临下一步如何推进的难题。2008年6月，我提出了“二轮课改：坚持‘三个具体原则，三个主要内容’”。“二轮课改”是指经过三年新课程实验后的第二个三年的课程改革。“三个具体原则”：一是根据课标、教育部2008年考纲、宁夏2008年高考各科考试说明和学校实际的原则；二是高中三年课程整体规划原则；三是共同开发、成果共享原则。“三个主要内容”：一是对教材中已列出的内容，通过补充内容的办法提高教学实效；二是重点放在对教材中“弹性空间”和“机动课时”内容的开发上；三是做好课时规划。这一思想的提出有效地解决了新课程实验三年后向何处去的问题，对以后的新课程再推进起到了定调、指导的积极作用。

“课程宽，后劲足”“年段分解，底线上移”的课程设置原则和课程目标设置原则，以及“二轮课改：坚持‘三个具体原则，三个主要内容’”是学校新课程实施校本化的具体表现，也是新课程推进中的重大成果，它与课程标准中提出的“知识与技能，过程与方法，情感态度与价值观”的教学三维目标以及“自主，合作，探究”的课堂形式共同构成宁夏六盘山高级中学新课程实践的重要思想并得到实实在在的贯彻。这些成果也是六盘山高中为全国新课程实验提供的思想和方案，有很强的实践指导价值。近 20 年了，这些思想深深地刻在宁夏六盘山高中教师脑中，这些方法融入、渗透到了大多数教师的教学全过程。

宁夏六盘山高级中学校徽是 2010 年 6 月由我亲自设计，吸收他人建议而成形的。“经 2011 年 6 月 17 日校长办公会议讨论，决定以长城、书山、学海为象形符号，以圆形为主体形状的设计图案为我校校徽。自 2011 年 6 月 18 日起正式启用。”

校徽表达的主题是“不到长城非好汉”的六盘山精神。校徽以红色、白色为主色调。红色、白色与宁夏六盘山高级中学的楼宇建筑色调一致。

“2003”代表宁夏六盘山高级中学的建校时间。

“宁夏六盘山高级中学”

宁夏六盘山高级中学校徽

的“六盘山”用了毛泽东同志的手写体，让人联想起中国工农红军翻越六盘山时毛泽东写下的《清平乐·六盘山》著名诗篇，激发人们“不到长城非好汉”的豪迈气概。

下弧用了英文，表明宁夏六盘山高级中学不仅要实现“宁夏示范，西北一流，全国知名”的办学目标，而且要放眼全球，走向世界。

中心部分由书山和学海构成。六个书梯寓意“六盘山”。书形图案（书梯）象征知识。书卷台阶式排列，寓意六盘学子踏着知识的阶梯，走向智慧之门；在学海里徜徉，抵达理想彼岸。

上弧设计为长城，寓意六盘学子沿书梯一步一步奋勇攀登，就一定能到达长城，实现自己的理想。

《宁夏六盘山高中校歌》虽然由于各种原因当时没能成型，但歌词创作也有几个成熟的作品，其中有我创作的、具有六盘山高中特点的歌词（“尚德励志，创业报国”是校训；“爱生敬业，博学奉献”是教风；“勤学苦练，善问深思”是学风）。

不到长城非好汉

凤凰城里，典农河畔，有一所山村孩子的城市学校，那是六盘山高中，我们向往的殿堂。尚德励志，成就自我，创业报国，回报社会。啊，六盘山高中，我们为你歌唱。不到长城非好汉，是我们的精神，我们永远的精神。

凤凰城里，典农河畔，有一所各族和谐的民族学校，那是六盘山高中，我们生活的乐园。爱生敬业，催我成长，博学奉献，编织理想。啊，六盘山高中，我们为你歌唱。不到长城非好汉，是我们的精神，我们永远的精神。

凤凰城里，典农河畔，有一所人民满意的现代学校，那是六盘山高中，我们成才的摇篮。勤学苦练，促我成才，善问深思，点燃未来。啊，六盘山高中，我们为你歌唱。不到长城非好汉，是我们的精神，我们永远的精神。

“书，宁可学生读坏、读丢，也比躺在书库里睡大觉强”是我2008年针对学生读书不主动、不方便，阅览量小而提出的。我在学校教学楼的三处设置“诚信阅读点”，把学校杂志全部摆放在开放的书架上，学生不用借书证、不用登记，可以随意把杂志拿到教室、宿舍阅读，只要阅读完放回到原处，便于其他学生阅读即可。寒暑假每个学生可随意借阅图书馆的书，尽可能地让学生“处处有书读，时时可读书”。

“书，宁可学生读坏、读丢，也比躺在书库里睡大觉强。”这一理念，我到育才中学当校长时得以延续。在育才中学二楼原有的两个各200米的长廊中，设置了完全开放的书柜，有杂志、书、报纸，有朗读亭、电子阅览机等。学生只要有时间，随时可以去阅读，提倡“一分钟读一段，十分钟读一篇”。

2020，扶贫教育新使命

我是2019年12月从宁夏大学附属中学党委书记岗位调整到宁夏育才中学任校长的，2021年9月离开育才中学。其间，我提出的校本教育思想有六点：

①扶贫教育新使命：以物资帮扶为主的脱贫阶段教育扶贫向防止贫困反弹、精神文化帮扶为主的小康阶段教育扶贫转化。

②“进育才上大学”转向“进育才上好大学”。

③睡一夜安静觉，吃一碗健康饭，过一个愉快的周末。

④上午 30 分钟大课间跑起来，下午 30 分钟大课间动起来。

⑤创作《宁夏育才中学校歌》，突出表现学校特点。

⑥时时可读书，处处能读书。

宁夏育才中学创建于 2008 年，是继宁夏六盘山高中后建立的一所扶贫性质的学校。学校建在银川市西夏区，为自治区教育厅直管。学校招收的学生来自宁夏 8 个贫困县，政府给每位农村户籍学生和城市低保户学生每月每人 150 元的生活费和 200 元的助学金，一些特困家庭的学生还可以得到企业的资助。学校校园占地 860 亩，分为 3 个校区，学生 7000 余名，教职工 540 余人。学校最大的特点是承担着自治区“扶贫教育”使命。

“以物资帮扶为主的脱贫阶段教育扶贫向防止贫困反弹、精神文化帮扶为主的小康阶段教育扶贫转化”正是在我国 2021 年向世界宣布中国全面脱贫进入小康社会、实现第一个百年奋斗目标的关键时期提出的。它作为宁夏育才中学（乃至所有扶贫教育学校）“扶贫教育前瞻性使命、目标”写入学校新的“五年规划”。“五年规划”中写道：“学校前瞻性使命：让更多的学生考上更适合自己的好大学，引领农村家庭 2035 年基本实现现代化。近 5 年，努力让更多学生考上更适合自己的大学，同时要集中一定的扶贫资金精准帮扶家庭因病、因灾陷入困境的学生完成学业，且考上好大学；后续 10 年，使这些来自农村的学生和城市学生一样阳光灿烂，充满自信，追求尊重和自我价值的实现，成为引领农村家庭 2035 年基本实现现代化的有生力量。”这一规划提出的背景是，宁夏育才中学的学生来自宁夏最贫困的 8 个县，其中“西海固”是有名的苦甲天下的地方，这里要脱掉贫困帽子不是一件容易的事。但自治区领导承诺“2021 年，宁夏与全国一同进入小康社会”，承诺就是责任，是进军号。宁夏育才中学为配合自治区实现这一庄严承诺，除了继续由政府给每个农村户籍学生每月 150 元的生活补贴、每人每月 200 元助学金，以及一些企业的资助外，还利用大数据，把每月伙食消费不足 200 元的学生筛选出来，再经各班班主任调查核实，确定出“特困生”，学校给这些“特困生”每月另补 400 元生活费，让这些学生以及学生家庭在孩子念书方面没有任何经济负担，实实在在脱贫。育才中学的学生不负众望，进育才的学生几乎都上了大学。后来的实践也证明走出大山的孩子不仅自己改变了命运，而且以自己的所闻所见影响、带动自己的家庭、村子的人改变观念，为全面脱贫贡献了力量。2021 年，中国共产党向全世界宣布“中国已经全面建成小康社会”，标志着扶贫任务已经完成。“扶贫教育”中宁夏育才中学以物质扶贫为主的历史使命已经完成，随着社会主要矛盾的转变，人们对物质需求的满足和对精神有更多需求，“扶贫教育”的使命、任务也随之变化是时代要求。由此可以看出，我提出的“扶贫教育学校的前瞻性使命”具有前瞻性、时代性意义，也是最先对“扶贫教育”新使命的表述。

“知识改变命运，勤奋成就梦想”的宣传牌醒目地立在宁夏育才中学最显眼的地方，是这所“扶贫教育”学校师生最认同的文化。根据育才中学 2019 年高考一本上线率 59.5%，2020 年一本上线率 64.4% 的现状，我提出了“进育才上大学”转向“进育才上好大学”，即给育才中学学生和家长一个更高承诺。在新的“五年规划”中，突出体现了“两个更好”，即把育才中学建设得更好，让每位学生上更好的大学。“两个更好”是我们必须担负的“扶贫教育”的政治责任和社会责任，也是必须长期坚持的奋斗目标。“上更好的大学”是指一本上线率在现有 64.4% 的基础上有明显突破，达到或超过 70%，让更多的学生考上一本大学。事实证明，这种战略转变是有一定的指导意义的，

2021年高考一本上线率69.1%，2022年高考一本上线率74.1%。

2020年6月，我针对育才中学学生全寄宿（周六、周日都在学校）的特点，提出让学生“睡一夜安静觉，吃一碗健康饭，过一个愉快的周末”。德鲁克说过“管理是一种实践，其本质不在知，而在行”。作为一名教育实践者，能提出创新的理论固然重要，但提出或采取有效的行动更加重要。7200名学生住校，管理不好，学生相互吵闹、睡不着，既难以保证8小时的睡眠时间，又影响第二天的学习；吃饭不健康，影响身体发育；周末一盘散沙或完全圈在教室学习，影响学生身心健康。育才中学当时的实际情况是，学生理论上有8个小时的休息时间，但由于晚自习后学生的就寝时间可以是11点，也可以是11:20，甚至是12点，实际有效的休息时间不足6小时；一日三餐，吃得饱已经不是问题了，但吃得健康还不敢百分之百打包票。2019年3月成都七中实验学校食品问题在网上发酵给了我们警示，学校食堂督查一刻不可放松；大多数住校生运动量仅为每天从宿舍走到教室，再从教室走到宿舍，不足2000步，再无任何运动，周六和周日基本上都在上自习不运动。我还看到一个现象让我闷闷不乐，沉思了一段时间：开学典礼会上，上台领奖的学生有90人，其中大多数学生，尤其是女生，面部发黄、个子明显偏低，一看就是把学生“学坏了”。典礼刚结束，我就向几个副校长谈了我看到的现象以及不好的心情。农村孩子要改变命运必须勤奋，比别人多吃苦，但苦到以不惜身体的健康做代价，恐怕是学校要求太过分、学生学得太过头了。思考后，我提出育才的学生必须落实“睡一夜安静觉，吃一碗健康饭，过一个愉快的周末”。这一提法得到了大多数领导和班主任的认同，当然也有个别反对的。于是，教职工大会上、学生大会上我反复讲这一要求，食堂、宿舍、运动区都贴上了“睡一夜安静觉，吃一碗健康饭，过一个愉快的周末”的标语，同时相关部门也拿出相应的配套措施。之后，一年多时间，后勤管理员、班主任、学生有了具体的作息时间、标准要求，学生遵守程度令人满意，效果是好的。

2020 年 9 月，针对学生住校无法保证体育锻炼每天一小时的问题，我提出学生“上午 30 分钟大课间跑起来，下午 30 分钟大课间动起来”（后来总结为“30 分钟大课间：跑起来，动起来”）的要求。首先，把上下午的 20 分钟大课间改为 30 分钟；其次，规定上午 30 分钟大课间学生围绕楼宇跑圈 20 分钟，下午以跳绳、软排球、毽球、自由操等为主进行自由活动。每个学生必须在课间操时走出教室下楼运动。育才中学“30 分钟大课间：跑起来，动起来”实施半年后，教育部 2021 年 4 月 19 日才下文要求各学校必须保证一天内有一个 30 分钟的大课间操供学生运动。

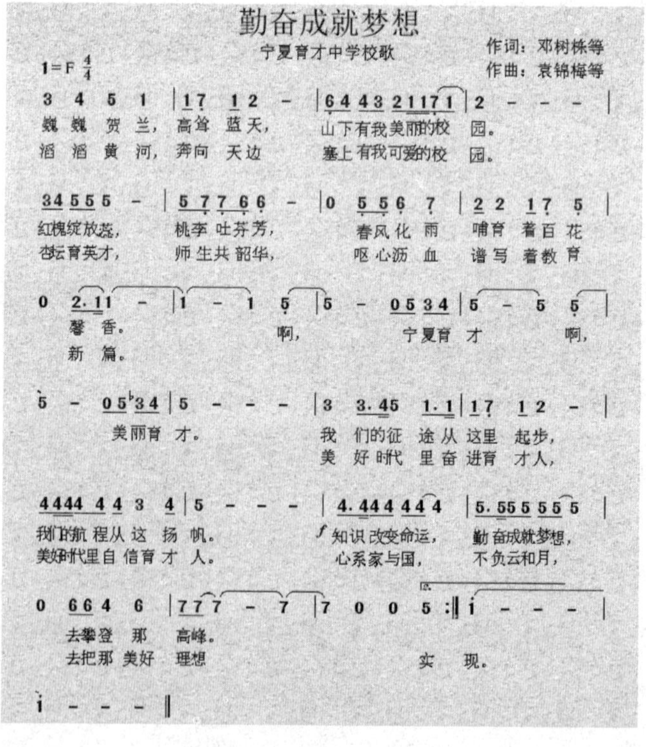

宁夏育才中学校歌是2021年4月完成歌词和谱曲创作并对外发布的。校歌歌词是我与一帮老师反复琢磨确定的，突出反映“知识改变命运，勤奋成就梦想”“心系家与国，不负云和月”的育才特色。

2020年4月，我着手“育才读廊”的规划、立项、建设。“育才读廊”于2021年10月正式建成。读廊总长400米，有杂志开放阅览区、电子阅览区、朗读区等。读廊完全开放，不用刷卡，不用登记，只要求师生看后把书放回原书架。这样解决了两个问题：一是学生没书读或借书不方便的问题；二是学生课余时间和周六、周日没处读书的问题。学校对师生倡导“一分钟读一段，十分钟读一篇”，可谓“聚小溪成江河”。对书廊管理员提出“我喜欢书，我更喜欢读书的人”。这对建立“书香校园”起到了重要的保障作用。

胡适说：“凡是有价值的思想，都是从这个那个具体问题入手的。”以上六条思想，是针对学校“扶贫教育”“全寄宿制”的特点和实际提出的。实践证明，它对规范学校日常管理、引领学校未来发展起到了指导作用，是很有价值的。

2021，特色办学正凸显

2021年9月，我被调整到宁夏长庆高级中学当校长。已经在宁夏育才中学当了近两年校长的我，积累了一些当校长的经验，创新的意识比以前更强了。其间，我提出的或进一步丰富的校本教育思想有八点：

①让每一个学生取得进步，获得发展，体验成功。

②弘扬“大庆精神”，打造长高精神高地。

③“校湖一体，环境育人，以文化人”作为长高育人特色。

④我们承诺：在家门口上好高中。

⑤两融合，一构建。

⑥“11556”德育管理体系。

⑦首次将“环境秀美，乐业宜学”作为新“五年规划”目标。

⑧在“当下快乐，以后幸福”理念下，“小教练制”使学生掌握1~2项运动技能。

1998年，长庆四中（盐池大水坑）、长庆五中（灵武马家滩）、长庆六中（吴忠九公里）迁入银川石油城区，合并为一个学校——长庆石油学校。2004年，长庆石油学校整体移交自治区政府，为自治区教育厅直管，学校命名为“宁夏长庆学校”。2008年，宁夏长庆学校分成宁夏长庆小学、宁夏长庆初级中学、宁夏长庆高级中学。我现在的学校就是宁夏长庆高级中学。宁夏长庆高级中学的特点之一，是与石油人有不解之缘，现在有60%的高一生源来自长庆初中。学校另一个特点是，学校建在秀美的燕鸽湖畔，与燕鸽湖融为一体。学校有30个教学班，1600余名学生，是自治区示范高中。

2021年9月，我到校不久就明确继续将“让每一个学生取得进步，获得发展，体验成功”作为学校的办学理念。随后根据时代要求和学校实际情况将其内涵进行了丰富：一是关注每一个，发展每一个，成长每一个；二是“在原基础上的进步、发展”，即有基点的、相对的、全面的、充分的，也指当前的、长远的进步和发展；三是“体验成功”的核心是让学生在不断的成功中建立强大自信，实践“我行教育”。

2019年9月，中共中央宣传部宣布“大庆精神”为中国共产党人精神谱系后，已经有多年“弘扬‘大庆精神’”基础的长庆高中水到渠成地提出了“弘扬‘大庆精神’”作为学校精神特色。2021年11月，我正式提出“弘扬‘大庆精神’，打造长高精神高地”，并写进新的“五年规划”中。所谓“大庆精神”，是指“为国分忧，为民族争气”的爱国主义精神；“宁肯少活 20 年，拼命也要拿下大油田”的忘我拼搏精神；“为革命有条件要上，没有条件创造条件也要上”的艰苦奋斗精神；“干工作要经得起子孙万代检查”的科学求实精神；“甘愿为党和人民当一辈子老黄牛”的无私奉献精神。“大庆精神”还包含系列管理精神：“三老四严”，即对待革命事业要当老实人、说老实话、办老实事，干革命工作要有严格的要求、严密的组织、严肃的态度、严明的纪律；“五条要求”，即人人出手过得硬、事事做到规格化、项项工程质量全优、台台在用设备完好、处处注意勤俭节约；“四个一样”，即黑天和白天一个样、坏天气和好天气一个样、领导不在场和领导在场一个样、没有人检查和有人检查一个样。所谓“精神高地”，是指学校师生将“大庆精神”作为精神灵魂、标识、气质。为了让这些精神在学校落地，学校构建了以弘扬“大庆精神”为主线的“11556”德育管理体系，在实验楼的一楼设置了“弘扬‘大庆精神’，打造长高精神高地”的文化长廊，开发了“弘扬‘大庆精神’”的校本课程并加以实施。现在，“弘扬‘大庆精神’”已经成为长庆高中师生认可的学校文化。这对学校立德树人，进行爱国主义教育，贯穿社会主义核心价值观教育起到了巨大的推动作用。

2021 年 12 月，我提出打造学校又一特色，即“校湖一体，环境育人，以文化人”。“校湖一体，环境育人，以文化人”内涵的核心内容是环境、文化和育人功能，具体包括建设“校湖一体”的秀美环境，“校湖一体”的认同文化，“校湖一体”的环境、文化育人功能。宁夏长庆高中位于银川市东部兴庆区石油城的燕鸽湖社区，邻风景秀美的燕鸽湖。学校与湖融为一体，在茂密的树丛中、清澈环绕的水系中分不清哪是学校哪是公园；燕鸽湖文化即学校文化。燕鸽湖是银川最秀美的公园之一，公园面积 180 亩，其中水域面积 96 亩，绿化面积 30 余亩。燕鸽湖有古建筑风格的楼亭阁、形状各异的水桥等，文化丰富。学校文化建设非常注重与燕鸽湖相融合，校湖文化相得益彰、互为补充。2022年4月，学校两栋总面积8600平方米的教学楼和体育馆建成，建设总布局已经完成，到了再次统一规划绿化、文化建设的时候。2022年11月，学校请设计师进行整体规划，计划2023年完成大部分“校湖一体”环境和文化建设，2025年全部完成。

“我们承诺：在家门口上好高中。”这是我2022年12月提出的。所谓“家门口”，是指学校方圆约5公里的学生不需要住校，中午和下午都可以骑自行车20分钟回家吃饭；所谓“好高中”，是指学校周边的初三毕业生喜欢、家长满意、社会认可。宁夏长庆高级中学就是“家门口的好学校”，至少80%学生的家在学校方圆5公里范围内，周边的初三毕业生都愿意到长高上高中，办学质量家长基本满意、社会认可。长庆高中有“家门口办好学校”的历史原因（1998年以前，三所学校分别在石油基地，办学质量较好，石油子弟都就地读书）、政策支持原因（宁夏长庆高级中学每年高一指标的60%划拨到长庆初中）更有学校努力的原因（近年办学质量逐年提升）。要实现“在家门口上好学校”，必先实现“好学校在家门口”。长庆高中为了更好实现“在家门口上好高中”，非常重视与高中在同一石油城的长庆小学、长庆初中、长庆高中一体化“好学校”的建设，即长庆小学为长庆初中、长庆初中为长庆高中、长庆高中为大学输送优质生源。当下和未来我们将继续努力，发扬“攻坚啃硬，拼搏进取”，让“在家门口上好高中”更加普惠学校周边的老百姓，成为全区乃至全国“在家门口上好高中”的示范。

“两融合，一构建”的教学理念在长庆高中提出并实施已有10多年了，我认为提法很好。我要做的，是依据新一轮新课程改革的“核心素养”概念进行丰富。完善、丰富后的“两融合，一构建”是指现代教育理念与学科教学深度融合，现代教育技术与课堂教学深度融合，构建基于“大概念”下的情境设计、问题导向、任务驱动的互动式、启发式、探究式、体验式课堂。其中“大概念”“情境创设”“任务驱动”的新概念是2022年9月新丰富的。同时还提出了实施策略：“给学生一些科学家思维”，时刻提醒老师贯穿学科核心素养。课堂设计方面，进入“新课堂”从找准“大概念”开始，落实“大概念”从设计“结构图”开始。课堂实施方面，以主题为引领，使课堂内容情境化。课堂形式方面，主题引领的“自主、合作、探究”，丰富后的“两融合，一构建”，成为指导“新课程、新教材、新高考”推进工作的新校本理念。

“11556”德育管理体系是2021年12月我在原有提法的基础上进一步丰富后重新构建的。所谓“11556”，是指一个核心、一条主线、五条红线、五个意识、六项落实机制，即以“立德树人”为核心，以弘扬“大庆精神”“严”的作风和“硬”的标准为主要精神线，以“五条红线”为底线教育，即不迟到旷课、不改校服校裤、仪容仪表合格、不带手机到校、不吸烟喝酒打架，以“五个意识”为尚德教育，即关注国是的“大局意识”、不触底线的“规则意识”、敢当大任的“责任意识”、知恩图报的“感恩意识”、有志愿精神的“互爱意识”，以及“六个落实机制”。“11556”德育管理体系已经作为学校文化传承了下来，成为了长庆高中师生遵守自觉。

习近平总书记讲：“人民对美好生活的向往就是我们的奋斗目标。”我来长庆高中之前就听说长庆高中及其周围的自然环境非常好，教职工包括校领导都有不愿调出去的强烈想法，我来长庆高中一年后也有此感觉。既然长庆高中教职工乐意在秀美的燕鸽湖畔的学校工作、生活一辈子，那我们就有责任把学校建设得更好，让教职工工作、学生学习更加愉悦，同时得到很好的成长。2022年9月，我们在起草新的

“五年规划”时指出“把宁夏长庆高级中学建设成教育优质、环境秀美、文化育人、乐业宜学的银川东部最强、宁夏示范、西北有影响的现代化学校”，明确把“环境秀美，乐业宜学”列为“五年规划”的奋斗目标。“环境优美、乐业宜学”的提出是基于我的“学校就是我们，我们就是学校”主张，即我们所有（教职工、学生和服务学校的人）占据着学校教室、操场、实验室、食堂、宿舍、广场、信息资源的人，都会在每件事物上留下特定时代和风格的印记，留下特定时期的品位，因此学校就是我们；而关于这一认识的教育、学习、教导、了解、创造、梦想和想象是学校所必需的，真正落实的人正是我们，因此我们就是学校。学校要做的是，建立、创建适合每一个教师成长、成熟的平台和机制，让每个人都乐于尽自己的能力奉献学校；每个教职工心甘情愿、愉悦地在长庆高中工作、生活，树立“学校兴，人人兴”观念；吸引一批优秀师范生到学校工作，吸引尖子学生到学校就读；让长庆高中的每位学生适应学校的学习、生活，特长得到发展，各个方面取得进步。

2021 年 10 月，我提出“‘当下快乐，以后幸福’理念下，‘小教练制’使学生掌握 1~2 项运动技能”。这个想法是我在育才中学当校长时准备 2021 年秋季尝试的，由于组织对我的调整，只能在宁夏长庆高中试行。“当下快乐，以后幸福”是指学生必须“德智体美劳”全面发展，在校运动时间确保一个小时以上，同时每个学生掌握 1~2 项运动技能，让学生在上学期间身体健康、快乐成长，为以后幸福生活打好基础，尤其具有 1~2 项运动技能可终身受益。所谓“小教练制”，是指体育运动技能经学校鉴定达标的学生可以给未达标学生当教练，即当“小教练”，采取兵教兵的方式尽快教会未达标学生掌握 1 项运动技能。

实践证明，我抓住长庆高中与“大庆精神”“燕鸽湖文化”的历史渊源，做的系列“特色”文章，得到了师生、社会的认同，对学校发展起到推动作用，是成功的。

泰戈尔说：“只有经过地狱般的磨炼，才能炼出创造天堂的力量；只有流过血的手指，才能弹出世间的绝唱。”是的，每一个想法也许在别人眼里很普通，不值得一提，但我知道自己的每一个想法（思想）来之不易，常常伴随着汗水甚至血泪，但我特别快乐。

不断丰富和创新办学理念是
校长的责任和使命

霍姆林斯基说过“领导学校，首先是教育思想的领导，其次才是行政的领导”，“人没有理念就等于没有灵魂，没有前进的路标和行为的指南”。可以说，每位校长都重视办学理念的形成和建立的。办学理念的确定就意味着校长办学方向、思想已经确立，因为办学理念是关于学校整体发展的理性理解和价值追求。办学理念是学校发展的灵魂、纲领和办学思想体系的重要部分。办学理念承载着学校教育的文化，是我们教师应具有的教育思想的观点基础，没有清晰的办学理念，就不可能有高质量的教育和优质的学校。

“让每一个学生在原基础上取得进步，获得发展，体验成功”是宁夏长庆高级中学（以下简称“长高”）2012 年提出并写进五年规划，刻在学校楼宇墙面后，一直作为学校的办学理念。2021 年，我做校长时再次明确这一理念仍为长高办学理念并努力丰富其内涵。“不甘落后”“低进高出，高进优出，普惠提升”是学校在落实这一办学理念提出的具体教育目标，同时反映了一种积极向上、奋力拼搏的精神。10 多年来，这一理念提法没变，但内涵却随着进入习近平中国特色社会主义新时代，我国社会主要矛盾已经转化为人民日益增长的美好生活需要和不平衡不充分的发展之间的矛盾后而不断变化。根据马斯洛需求层次理论，人们从原来的物质需求为主转变成现在的精神需求为主，追求和关注的重点也从原来的生理需求、安全需求、社交需求，转向尊重和自我价值实现需求。这就意味着我们的教育观念要跟上时代变化，工作的关注点、要求也要随之做出调整。

综合以上考虑，“让每一个学生在原基础上取得进步，获得发展，体验成功”的办学理念现阶段具体包含以下内涵：

第一，“每一个学生”，即关注每一个，发展每一个，成长每一个。教育的基本特点是育人，因而教育必须要把人的发展放在突出的地位。

承认每一个人都有价值、权利和尊严，都是值得尊重的，学生也不例外。

承认人的独立性，承认人的差异，尊重个性，学生正是发展的黄金期，更应如此。

相信每一个人都有发展的潜能，都有成长进步的倾向，教育有让人的潜能变成现实的功能。

刘彭芝曾说：“教育的意义是什么，是在于把人的本质引申出来，引申出一个超越自己而站立起来的人，赋予人以更丰富的内涵，使人获得尽可能全面、充分、自由的发展，使人生活得更美好，更有意义，更有价值。是让人的潜能得到淋漓尽致的发挥，让生命的能量得到充分释放，获得一种愉悦身心的成就感。”

长高针对石油人上班 20 天、回家休息 10 天的工作特点，倡导老师担当“第二家长”，即除了父母以外最了解、最关心学生的人。“第二家长”给予学生生活指导、学习指导、心理指导以及生涯选择指导，让这些“准留守孩子”健康并沿正确方向发展。同时提出“你在一线采石油，我在后方伴成长”的帮扶行动。这是长高践行“关注每一个、发展每一个、成长每一个”的具体体现。

第二，“在原基础上的进步、发展”是指有基点的、相对的，是指全面的、充分的，也指当前的、长远的进步和发展。

人的进步、发展一定是在原基础上的。我们的教育不能让人信服的是不管入学起点成绩，一味地以绝对数字的多少判断一个学校的办学优劣，导致的结果是一流学校永远是一流，三流永远是三流，三流永无翻身的机会。三流学校的老师、学生比一流的低一等，但谁都明白，这是以“成绩为唯一标准”造成的评价恶果。我认为一个学校要办出自信，一个学生要学出自信，最好自己与自己比，当下与以前比较就可以了。校长不必一味地与“一流”拼绝对。“在原基础上”对长高来讲尤为必要。长高学生 60% 是石油子弟，基本上是由石油子弟的初中直升高中的学生，其中有中考成绩很好的，也有较差的，属于好差“一条线”。这些学生在一起如何教？尊重基础，讲求在原基础上的进步。当然，在原基础上，不只是对文化课，还指其他方面，如体育、艺术等方面。

人的发展既全面又充分。马克思说过，共产主义社会是“以每个人的全面而自由的发展为基本原则”，可见，全面发展是社会发展的必需，也是趋势。全面发展具体指德智体美劳的并举发展。充分发展是指每个学生的兴趣、爱好在学校得到充分实现。它的价值不只是满足需要，还要为未来发展奠定基础。这个未来，不仅指学生个体的人生未来，而且是我们所处的社会的未来。既全面又充分，即我们重点要认识、关注并深入挖掘学生的“主动性”“潜在性”和“差异性”。“主动性”就是调动学生的能动、自觉、自主，从而规划自身发展；“潜在性”是指学生存在着多种发展的可能，教师就是要让“潜在”可能转化成现实发展；“差异性”是指每一个学生有独特性，学生之间存在差异。

孔子讲“和而不同”，就是既有鲜明个性又有团队精神，做到1+1大于2。中学教育培养的就是“和而不同”的人，因此，中学教育必须走全面发展之路。既然承认人有差异性，教育就得引导学生，让其长的更长，短的变长，不断促进人的个性发展，不断促进人的综合素质提升。

可以说，现在各学校都注重学生的全面发展、个性发展。长高近几年一半以上的线外绩效都花在了“五育”发展上，学校开设了排球、围棋、萨克斯、国学等40多门校本课程供学生选择学习。每周上校本课程时，每个学生都能参加一门自己相对喜爱的项目学习。学校每年定期举行艺术节、球类运动会、田径运动会等，让不同的学生都有展示自我的舞台和机会。学校采取“小教练”制，破解学生掌握1~2项运动、艺术技能的难题，旨在让每一个学生都有运动、艺术的一技之长，学生当下快乐，终身幸福。

全面、充分发展，必须处理好以下三个关系：

一是正确处理好“五育并举”发展与追求高考升学的关系，解决好当下发展与长远发展的平衡。追求升学率但不唯升学率。如开齐、开足音体美劳规定必修课程是底线，保证学生每天锻炼一个小时的底线。

二是正确处理好全面发展和充分发展的关系，解决全面发展和充分发展的结合。首先，解决的是教育观念问题，要认识到全面发展和充分发展对学生终身发展的意义重大；其次，解决课程问题，使学生喜欢的校本课程固定内容、固定时间，即纳入学校课程体系中，切不可零散、随意。

三是正确处理好相对进步和绝对进步的关系，解决自信与自强的统一。人的发展立足当下，着眼长远。“取得进步、获得发展”指当下和长远。当下的进步，主要是指一个学生在高中三年必学课程、素质和身心健康的进步；而让每个学生掌握 1~2 项运动技能，让学生“五育”全面发展，兴趣充分得到发展，是当下要做的，既为当下也为未来。

“体验成功”是指完成某项任务获得的喜悦、快感，建立强大的自信，从而践行“我行教育”，即“各行其行，行行与共”（懂得自己行，也要欣赏包容别人行，你行、我行、他行）。

北京光明小学有一个著名的口号就是“我能行”，是指相信自己行，才会我能行；别人说你行，努力才会行；你在这点行，我在那点行；今天若不行，争取明天行……

我认同这种“我能行”的激励与培养，因为它基于学生自尊、自信、自强、自律。我把我校“我能行”总结概括为“各行其行，行行与共”，有以下具体含义：

天生我材必有用。社会需要社会主义接班人、建设者，既需要国之栋梁，同样需要有一技之长的技术工、农民等。前些天看了《麓山之歌》电视剧，才理解什么叫科研者，像卫丞一批人；什么叫大国工匠，像宋春霞一批人；什么叫有一技之长，像金燕子一批人。我们当老师的都经历过没考上大学的学生 10 年后、20 年后未必不能成就事业，未必不行。

每个人有其长，也有其短，不要用自己的短处与别人的长处比，要看到自己的长处，任何时候对自己要有信心，相信自己有强大之处，懂得自己行，也欣赏、包容别人行。

你行、我行、他行。要懂得向他人学习，懂得相互尊重、相互信任。

“让每一个学生在原基础上取得进步，获得发展，体验成功”的办学理念为什么被一届一届的师生认同并坚持践行呢？

第一，具有认同性，成为真文化。10 多年来，“让每一个学生在原基础上取得进步，获得发展，体验成功”的办学理念，师生熟记于心、行动于自觉，顶层设计、中层执行、教书育人都在贯穿。我认为这种认同是一种文化认同，正像费孝通先生说的：“文化在哪里？就在集体生活的人的行为和意识中，文化是代代相传的，是有子有孙的，它靠一个个人在他们生活中表现、改变和发展，日新不已。”因此，这一理念可称得上是学校真正的文化。

第二，具有指导性，有其生命力。学校针对生源质量严重良莠不齐的学生，课余时间设立“A 层次班”“B 层次班”和“C 层次班”，让基础不同的学生都能找到该去的地方，都在原基础上得到提升。学校有 40 多门校本课程，涉及体育、艺术等，人人都有发展、进步的机会。学校对待成绩差的学生、心理有问题的学生、家庭父母照顾不到的学生不能置之不理，应担当“第二家长”，在生活上、学习上、心理上、生涯选择上都给予具体的关注、关心和帮助。正因为“让每一个学生在原基础上取得进步，获得发展，体验成功”理念对学校工作、教师育人方式等都有切实的指导，才具有强大生命力，才有不断丰富、发展的信心。

第三，具有时代性，发出的是最强音。《国务院办公厅关于新时代推进普通高中育人方式改革的指导意见》中指出“构建全面培养体系”，《深化新时代教育评价改革总体方案》中指出“改革学生评价，促进德智体美劳全面发展”，可见全面发展，关注每一个人发展都是时代的最强音。

第四，理念发展，秉承传承和创新。费孝通认为传统和创造的结合是一个十分重要的问题，“因为传统失去了创造是要死的。只有不断创造，才能赋予传统以生命”。当前，学校虽然结合新时代，对学校办学理念内涵进行了一些丰富和创新，但创新永无止境，因为新情况、新问题会不断出现。2022年秋季宁夏实施新教材、新高考，这无疑是一大挑战，因为“走班教学”“选课制”等都是前所未有的新情况，我们的理念、理解、行动、评价对真正执行产生重大影响，不排除出现严重偏差。“让每一个学生在原基础上取得进步，获得发展，体验成功”的办学理念如何体现在新教材实施、新高考应用中对我们是一次新的考验，我们必须接受这一考验，且只能赢不能输。

我们要进一步解放教育观念。坚决贯彻党的教育方针，把立德树人作为教育的根本任务，认真学习、理解、执行《深化新时代教育评价改革总体方案》《关于新时代推进普通高中育人方式改革的指导意见》等，紧跟时代步伐。牢固树立“以生为本”思想，遵循“因材施教”教育规律，促进学校科学发展。

我们要进一步完善校本课程。德智体美劳全面发展要落到实处必须有一定的课程保障，如开齐、开足所有国家必修课程。学校要让学生在学校得到充分发展，还需要各种校本课程做补充，即开发学生喜欢的校本课程，让学生的兴趣、爱好得到发展，体验更多成功，为选择提供判断依据，为人的一生发展奠基。

我们要做好“走班教学”“选课制”，尤其是“学生综合素质评价”。新高考的核心内容是“选课走班”，也就是让学生在“3+1+2”的高考模式下的12种选课方式中选择适合自己的一组，充分体现“每一个”的选择权。学生到底选择哪一组合对自己最有利呢？这就要发现自己的长处。而自己长处是什么？靠“体验成功”来确定。新高考将“学生综合素质评价”作为高考录取时的重要参考，新教材以“中国学生的核心素养”为核心，也就是说学生在高中三年发展过程中除了学好国家规定的课程，还要努力提高自己的综合素质。

目前，“让每一个学生在原基础上取得进步，获得发展，体验成功”

的办学理念已经明确写进新的“五年规划”，并将这一理念贯穿到学校发展目标中和实现目标的各种措施中。我相信，这一办学理念过去引导长高前行，将来必指导长高发展。

弘扬“大庆精神”打造长庆高中精神特色

“大庆精神”是中国共产党人精神谱系之一。

“大庆精神”具有丰富的教育内涵：“为国分忧，为民族争气”的爱国主义精神；“宁肯少活20年，拼命也要拿下大油田”的忘我拼搏精神；“为革命有条件要上，没有条件创造条件也要上”的艰苦奋斗精神；“干工作要经得起子孙万代检查”的科学求实精神；“甘愿为党和人民当一辈子老黄牛”的无私奉献精神。

长庆高中“大庆精神”具有丰富管理内涵：“三老四严”，即对待革命事业要当老实人、说老实话、办老实事，干革命工作要有严格的要求、严密的组织、严肃的态度、严明的纪律；“五条要求”，即人人出手过得硬、事事做到规格化、项项工程质量全优、台台在用设备完好、处处注意勤俭节约；“四个一样”，即黑天和白天一个样、坏天气和好天气一个样、领导不在场和领导在场一个样、没有人检查和有人检查一个样。

一、长庆高中为何要选择弘扬“大庆精神”

宁夏长庆高级中学（以下简称“长高”）选择弘扬“大庆精神”是有历史渊源、文化基础的，是时代的需要。

长高与中石油长庆油田有不可割舍之缘。长高位于银川市东郊美丽的燕鸽湖畔。学校始建于1999年8月，原为中央特大型企业中石油长庆油田公司子弟学校，2004年9月整体成建制移交宁夏回族自治区人民政府，隶属自治区教育厅管理，是一所以油田子女为生源主体的普通高中。现学校70%的教职工与石油基地石油人有关，60%的学生来自石油人子弟。多年来，学校已经形成了石油人“钉是钉，卯是卯”的企业精神，师生对“大庆精神”以及企业管理的系列文化有比较高的认同，有不可割舍之缘。

长高人与长庆油田人有很多共同文化基础。长高2004年整体移交自治区政府时，教职工原属于长庆油田职工，学生全部是石油人子弟。几十年朝夕相处，长高人与长庆油田人有着共同遵循的企业文化，共同追求的“大庆精神”。

“大庆精神”具有时代最强音。2021年9月，中共中央宣传部公布中国共产党人精神谱系共46个，“大庆精神”是其中之一。习近平总书记在庆祝大庆成立60周年大会贺信中明确指出：“大力弘扬大庆精神，铁人精神。”

以上原因可以看出，长高选择“弘扬‘大庆精神’，打造长高精神特色”是顺理成章的。

二、“大庆精神”理应作为长高精神特色

著名教育家顾明远指出：“何为特色，顾名思义，是指不同于一般，不是平平常常，而是要有所创新，具有个性，而且这种个性能够形成传统代代相传。”能作为学校特色，一般要有四个鲜明的特征：独特性、优质性、稳定性、整体性。“大庆精神”对长高来讲具备了这四个特征。

人无我有。在宁夏，长高是唯一一所长庆石油企业留下的高中。学校虽然已经脱离长庆石油公司管理，移交宁夏教育厅直属管理，但学校建在石油人统建的生活基地——燕鸽湖社区，现在学校70%的教职工与石油基地石油人有关，60% 的学生仍为石油人子弟。这样的独特性，只有长高一家拥有。

师生骨子里已经融入了“大庆精神”。爱国主义精神、忘我拼搏精神、艰苦奋斗精神、科学求实精神、无私奉献精神已经融入历届师生的脑海中，贯穿于行动中，20 多年来产生了积极影响。“三老四严”“五个要求”等，已体现在学校的五年规划中、管理制度中，如学校的“五条红线”“五个意识”等，成为长高区别于他校管理的主要方面，这些精神的内涵和管理内容成为学校显著的师生认同文化。

坚持弘扬“大庆精神”。从 1999 年建校至 2004 年，长高属长庆石油公司管理，管理模式、制度与企业的有一定的统一性，自然“大庆精神”是企业和学校共有的。2004 年，学校整体移交自治区教育厅管理以后，学校的地理位置没变，教职工变化很小，生源主要仍是石油子弟。学校年年受到石油公司物资和经济上的帮助，学校每年都组织学生参观石油基地、听老石油人讲故事等，精神一直没有丢。可见“大庆精神”对长高来说一直在弘扬，有其稳定性。

弘扬“大庆精神”具有连续性、持久性、整体性。2021 年，学校将“大庆精神”作为学校特色写入新的五年规划中、写入《宁夏长庆高中教育质量提升“十大行动”》中。同时，学校将弘扬“大庆精神”作为校本课程纳入学校三年整体课程体系；重新构建了“11556”德育管理体系，着重强调以立德树人为核心，以弘扬“大庆精神”为主线，贯穿“三老四严”“五个标准”“五个意识”。

对长高来说，“大庆精神”具备了作为长高精神特色的特征。因此，我们选择把“大庆精神”作为打造“长高精神特色”的核心和具体内容是合适的，且能成为学校独有的一种文化。“大庆精神”对长高的过去、现在和未来都会起到积极的激励和教育作用。

我作为长高的现任校长，应以2021年9月中央宣传部确定的“大庆精神”为中国共产党人精神谱系之一和自治区教育厅2021年12月印发的《自治区普通高中多样化特色发展试点工作方案》为绝好契机，继承且发扬“大庆精神”，让其不仅深深印上长高传统文化的烙印，而且镶嵌上新时代印记。

“大庆精神”作为长高精神特色，我认为应有以下内涵：

精神之魂。“大庆精神”的爱国主义精神、忘我拼搏精神、艰苦奋斗精神、科学求实精神、无私奉献精神，自然成为长高五大精神支柱予以弘扬，并成为长高精神的核心与灵魂。

精神标识。“大庆精神”在过去创校的艰苦环境下，提示、激励着企业人不畏艰辛、顽强拼搏，并取得了辉煌成绩。如今，“攻坚啃硬，进取拼搏”已成为师生公认的精神取向，长期激励师生奋发进取、勇攀高峰。因此，“大庆精神”的五大精神支柱是历届长高人的精神标识，是现在和将来长高人的精神气质。

做事准则。“三老四严”“五个要求”的企业管理体系已经渗透学校多年的管理中，并被师生普遍认可。我们需要进一步做的是，根据时代要求丰富其内涵，让这些管理经验得以更好的传承、延续，成为学校师生的行动自觉。

三、丰富、创新以“大庆精神”为核心内容的长高精神特色

学校特色不仅体现过去，而且反映现在，最好能用于将来。当下的校长，做好现在是本分，谋划好将来是能力。

特色成为学校文化才能代代传承。费孝通说：“文化在哪里？就在集体生活的人的行为和意识中，文化是代代相传的，是由子有孙的，他靠一个个人在他们生活中表现、改变和发展着，日新不已。”我认为，只有把学校特色变成学校文化才能保持长时间的稳定。如何把特色变成文化呢？一是师生明白特色，充分认识，如长高的“大庆精神”是学校精神特色。二是课程、活动等要系统性、连续性地执行和丰富。学校近几年开发了弘扬“大庆精神”的系列课程，常常举行与“大庆精神”有关的活动。三是成为师生的自觉行动。在日常管理中体现“三老四严”“五条要求”等。四是在学校制度建设方面给予“特色”名分、应有的地位。

只有创新，特色才能激活。费孝通说：“因为传统失去创造是要死的，只有不断创造，才能赋予传统以生命。”过去、现在已经有了明确的学校特色是好事，但不丰富、不创新，这种已有的特色会逐渐变淡、褪色，不久的将来会消失。作为校长，创新很重要，也只有创新才能推动学校向更高层次发展，才能让已有的特色充满活力；也只有创新，校长当得才有意义。

特色一定要变成目标、具体模式，系统课程、系列活动才能稳定、整体推进。

设置目标。《宁夏长庆高中教育质量提升“十大行动”》明确指出“2022 年进一步优化‘11556’德育管理体系”；“2022 年依据学校传统基础、资源优势，以石油人‘大庆精神’以及‘三老四严’严的作风硬的标准，丰富我校已经达成共识的‘攻坚啃硬，拼搏进取’‘五条红线’‘五个意识’和‘你在一线采石油，我在后方伴成长’的系列文化”。这是两个关于弘扬“大庆精神”特色的具体目标。

构建了“11556”德育管理体系，即一个核心、一条主线、五条红线、五个意识、六项落实机制。以立德树人为核心，以弘扬“大庆精神”严的作风和硬的标准为主要精神线。“五条红线”为底线教育，即不迟到旷课、不改校服校裤、仪容仪表合格、不带手机到校、不吸烟喝酒打架。“五个意识”，即大局意识、规则意识、责任意识、感恩意识、互爱意识。还有“六项落实机制”。《“立德树人落实机制”优秀案例展示——“双五”特色德育教育的价值导向机制》2019年被教育部确定为全国德育优秀案例，从而稳固了“11556”的内涵，成为师生共识。

强化、培养“刚健自强，端庄儒雅”的个人气质。气质是什么？是个人内在知识和修养的自然外露，是表现在心理活动的强度、速度，灵活性与指向性等方面的一种稳定的心理特征。我2021年9月来长高时，对学校师生有一种强烈感觉：“钉是钉，卯是卯”的企业作风和雷厉风行的军人作风。企业作风不难理解，而军人作风也是有历史原因的。在20世纪七八十年代，石油行业充实了很多转业军人，管理制度中还设置过政委。长高的企业作风和军人作风突出，不同于别校。因此，我敏锐地感觉到“这是长高人特有的气质”，可以概括为“刚健自强”。考虑到现代文明，我又提出做“端庄儒雅”人。因此，长高人气质完整地概括为“刚健自强，端庄儒雅”，是指坚强有力、自强不息，举止行为得体，言谈文明谦虚，是传统与现代要求的结合。

“刚健自强，端庄儒雅”作为长高人的气质特征是有历史的。2021年前，学校就提出做“勤以养德，端庄儒雅”的学生，在学生中有一定的分量。2021年后，学校明确“大庆精神”作为学校特色时，就明确培养“刚健自强，端庄儒雅”的学生，并作为长高人的一种气质，其中体现石油人精神。

开发“大庆精神”校本课程，并纳入学校“三年一体”课程体系。没有课程，精神的形成是不稳定的或不系统的，这一点已经被实践证明。鉴于此，学校2021年明确“大庆精神”作为学校精神特色以来，大力总结以前在“大庆精神”弘扬方面所做的零散工作，如基地参观学习、集体赴石油展室学习、听石油人讲故事、请石油人作报告等。挖掘一些现代石油科技发展的讲习材料给学生讲解。总之，学校把“大庆精神”

开发为课程，纳入课程体系，并且探索新的教学方式，受到学生喜欢。

注重活动创新设计，丰富“大庆精神”内涵，增强教育的针对性和实效性。丰富、创新往往彰显于活动，长高对“大庆精神”的创新，既考虑当下的突破性，又考虑发展的长远性。2019 年以来，学校根据石油人往往赴基地工作 20 天，回家休息 10 天的工作特点，提出老师做学生的“第二家长”活动，学生父母不在家的 20 天里，老师承担家长教育孩子的责任，在生活上、学习上、心理上、生涯选择上进行全方位指导，让这些“准留守孩子”健健康康生活、学习。这一活动，已形成一种工作机制，效果很好。2020 年以来，学校推出“你在一线采石油，我在后方伴成长”系列活动。准确弄清哪些学生长期是爷爷奶奶照顾的，哪些孩子的父母离异等。每个党员负责 2~3 名这样的学生，进行关心、指导，让孩子健康成长，让家长放心。在实践中，学生往往与“第二父母”老师、党员联系人关系最好，有困难及时得到“第二父母”老师、党员联系人的关心和指导，教育效果不错。

近年来，在长高全体师生的共同努力下，在“弘扬‘大庆精神’，打造长高精神特色”方面取得了骄人成果：《“立德树人落实机制”优秀案例展示——“双五”特色德育教育的价值导向机制》2019 年被教育部评为德育优秀案例；《攻坚啃硬，拼搏进取——“大庆精神”课程开发案例》在《宁夏教育》2022 年第 1 期发表；《宁夏法制报》2022 年 4 月 21 日以《信念如磐立德树人，丹心如霞为国育才——“自治区文明校园”宁夏长庆高级中学全面提升教育质量加强校园治理纪实》中指出“弘扬‘大庆精神’，打造长高精神高地”的正能量作用；学校先后荣获自治区五一劳动奖状、全区教育系统五星级基层党组织、自治区文明校园、自治区德育示范校等 30 余项荣誉，赢得了良好的社会声誉。

打造“校湖一体　环境育人　以文化人”的特色长庆高中

宁夏长庆高级中学（以下简称“长高”）的五年规划中这样写道：把长庆高中校园整体规划为花园式、艺术式、精品式的秀美校园。《宁夏长庆高级中学教育质量提升“十大行动”（2021—2023）》中指出：2023 年建成“校湖相融，同为一体”的校园新环境。

一、“校湖一体”基本构成及形成的历史渊源

1. 校湖地理位置构成基本框架

这里的“校”是指宁夏长庆高级中学，“湖”是指燕鸽湖。长高和燕鸽湖位于银川市东部兴庆区石油城的燕鸽湖社区。长高校园由三

部分构成：北区（综合教学区 70 亩）、南区（运动区 40 亩）、东区（燕鸽湖 180 亩）。任何人来看，校湖显然自成一体、不可分割。

校湖一体的特点如下。

第一，校似镶嵌在燕鸽湖中。学校位于银川市东部石油城风景秀美的燕鸽湖畔，环境静谧优雅，自然人文和谐统一，绿化面积 17500 平方米，创设了非常难得的个性化育人环境。学校与燕鸽湖融为一体，在茂密的树丛中、清澈环绕的水系中分不清哪是学校哪是公园。

第二，燕鸽湖文化即学校文化。燕鸽湖是银川最秀美的公园之一，公园面积 180 亩，其中水域面积 96 亩。燕鸽湖建设优美，有古建筑风格的廊亭阁、形状各异的水桥，文化丰富，《论语》《大学》《中庸》等经典名句镌刻在碑文上，孔子、老子、李白等雕塑像屹立在湖中心的广场上、草坪中。学校师生每天在燕鸽湖文化的熏陶中。

第三，校园文化也是燕鸽湖文化。学校建设，尤其是学校文化建设非常注重与燕鸽湖相融、一体，如学校楼宇的名称：明德楼、博学楼、躬行楼、辅翼楼等，与燕鸽湖文化景点的中华优秀传统文化相辅相成、自成一体；学校门口 100 多米的文化长廊建筑风格与燕鸽湖廊亭阁一致，成为学校、燕鸽湖文化的有机体。

2.“校湖一体”形成的历史渊源

长高 1998 年 8 月建于宁夏银川市兴庆区石油城燕鸽湖畔，学校和燕鸽湖都属于长庆石油公司，都是由长庆石油局同时期统一规划建设的。2004 年 9 月，宁夏长庆油田学校整体成建制移交宁夏回族自治区人民政府，隶属自治区教育厅管理。2006 年被确定为自治区示范高中。学校与燕鸽湖从开始建设到以后的发展一直有着不可分割的关系，有赞美文章为证：

银川素有“千湖之城”美誉，而燕鸽湖则是其中最美的一个。燕鸽湖用地总面积12公顷，其中陆地面积5.6公顷，水域面积6.4公顷。最吸引人的就是湖心区了，湖水荡漾，水中的鱼儿自由自在地游来游去，不时跃出水面，激起一朵朵浪花。湖面上搭起的一座座造型各异的小桥，有九曲湾桥、驼峰桥、拱桥、月形桥……美丽的荷花似害羞的小姑娘，微微地露出一点点粉红，含苞待放。水鸟在湖面上飞来飞去，不时掠过水面，惊吓的鱼儿四散逃窜。湖心立着的喷泉喷出高高的水柱，风吹散了小水珠，太阳光一照，晶莹剔透，煞是好看。每天早晨、傍晚，老人或漫步于湖岸林荫道上，或坐在亭阁下的椅子上聊天、享受生活，小孩子围着大人们戏玩。放学时，从学校这颗“心脏”涌出的学生们穿梭在湖区的各个“支血管”中……

长高的校歌《从燕鸽湖畔起航》是这样写的（其中一段）：

巍巍贺兰如画，悠悠黄河如歌，山水之间有你我。可爱的校园，青青燕鸽湖畔，郁郁书香，华年在长庆历史的长河中把梦想浇灌，写下爱的温暖。勤学进取，真善美在心田，质疑问难求索，一往无前。诚信勇敢，家园重任在肩。我们是新时代的青年，筑梦中华灿烂的明天。

20余年的沧桑风雨，20余年的意向建设，注定长高与燕鸽湖有着不可分割之缘，形成了“校湖一体”：校是湖景的一部分，湖是校的“后花园”，人一旦进校就似钻进了湖里，人在湖中游玩不觉得就溜进了学校。我们现在的目标是在未来三年，把长高建成宁夏最美的校园，中国最美的校园之一，成为师生的精神家园和成长乐园。

二、“校湖一体”的内涵

“校湖相融，同为一体”的核心是环境、文化和育人功能，环境可以短时间内达到一定程度的“相融”和“一体”，文化“相融”和“一体”的形式也可以短期达到，但要让师生认同或说能成为学校的文化，则需要较长时间、几任校长的努力。“校湖一体”建设，最核心的是校园环境建设和文化建设，有意增强校湖“相融”和“一体”的契合度。“校湖一体”建设，要达到的目的就是让师生生活、学习、工作在更加秀美、舒适的环境里，更大程度地发挥环境育人、以文化人的功能。

第一，建设“校湖一体”的秀美环境。苏霍姆林斯基说过：“学校的物质基础是对学生精神世界施加影响的手段。”当下，燕鸽湖可以说是银川最秀美的湖了，长高是为数不多的“自治区文明校园”，校湖环境绿树成荫、鸟语花香，水系环绕、鱼儿灵动，可谓美哉！学校环境比不上燕鸽湖，绿化面积不足，花草不美，缺乏高规格的规划。“校湖一体”环境建设还需要学校做出更大努力，补齐一些短板，提升“一体”融合度和品质。未来学校环境建设的目标是校为湖的一部分，湖为校的“后花园”，校湖不分彼此、互为补充、互为支持。

第二，共建“校湖一体”的认同文化。燕鸽湖的文化内容极为丰富，有《论语》《中庸》《大学》《史记》等的经典名句，有孔子、老子、李白等人物的雕像，有古建筑风格的廊阁亭，湖中曲桥、湖畔步道都是优质木材、汉白玉、花岗石做成的。长高校园一长排与燕鸽湖同样风格的文化长廊、校园各楼宇名称（明辨楼、博学楼、明德楼、游艺楼、辅翼楼……）都充分体现出校湖文化“相融”和“一体”。学校文化建设的薄弱点在于零散，缺乏系统性，缺乏一个明确的主线指导。未来学校文化建设的目标是以弘扬中华优秀传统文化和“大庆精神”为“校湖一体”的核心内容，表现形式、手法会更加广泛和多样。

“文化作为一种社会精神力量，能够在人们认识世界、改造世界的过程中转化为物质力量，对社会发展产生深刻的影响。”学校文化从来都不可小觑，一所学校的独特文化，不仅对学校师生产生重大影响，而且对学校所处区域的人们也有很大影响，甚至可以改变人的一生和该区域的民风。因此，我们要充分认识到，长高的独特文化，是对燕鸽湖社区文化的必要补充。“让每一个学生在原基础上取得进步，获得发展，体验成功”的办学理念，“弘扬‘大庆精神’，打造长高精神特色”的精神特色，提倡做有“刚健自强，端庄儒雅”气质的学生，“五条底线”和“五个意识”的管理措施等，不仅对长高的学生产生积极影响，而且对石油城的人产生积极影响。

第三，增强“校湖一体”的环境、文化育人功能。马克思说：“人创造环境，同样，环境也塑造人。”学校环境对于青少年的健康成长，尤其对青少年良好的思想品德的形成具有极其重要的作用，这种作用是潜移默化的、循序渐进的。作为学校，努力建设好环境是育人的重要方面。习近平总书记指出：“文化自信，是更基础、更广泛、更深厚的自信。在5000多年文明发展中孕育的中华优秀传统文化，在党和人民伟大斗争中孕育的革命文化和社会主义先进文化，积淀着中华民族最深层的精神追求，代表着中华民族独特的精神标识。”作为学校，以文化人是使命也是责任。因此，在“校湖一体”建设中，校湖文化“相融”“一体”是重中之重。

三、“校湖一体，环境育人，以文化人”成为长高特色

《国务院办公厅关于新时代推进普通高中育人方式改革的指导意见》明确指出，学校要重视特色化办学，要打破千校一面的统一模式。长高“校湖一体”具备独特性、优质性、稳定性、整体性特征，即学

校特色特征。

第一，人无我有。校与湖在一起，文化相融、成一体的在宁夏只有长高一校。20 多年来，校湖建设一直是统一规划、同步进行的，无论是建筑风格还是文化风格具有一致性。

第二，师生认同“校湖一体”文化。20 多年来，燕鸽湖文化耳濡目染了石油城里的石油人，学校文化潜移默化地影响了一代一代石油子弟。校湖文化现如今已经不可分割、自成一体，且正在努力提高整体水平。学校文化长廊的建设风格与燕鸽湖亭廊建设风格一致，学校校园楼宇的“文化名”，如明辨楼、博学楼、游艺楼、辅翼楼等，与燕鸽湖碑文上镌刻的名句都出自中华传统经典文化《论语》《大学》《中庸》等。师生每天往返都能耳濡目染，有时还能顺便背上一段，这种校湖文化内容丰富，受众多。

第三，20 多年一贯坚持“校湖一体”建设。长高 2004 年以前隶属长庆石油局管理，而燕鸽湖是长庆石油局在银川基地中的一块腹地。校湖建设一向是石油局统一规划、同时期建设的，20 多年来这种建设从来没有间断过，包括设施建设和文化建设。因此，“校湖一体”具有稳定性，也有整体性。

作为长高的时任校长，我首先明确表态：一定在三年时间内把“校湖一体，环境育人，以文化人”打造成长高的显著特色；努力把本校传统文化和时代烙印相结合，进一步丰富并创新这一特色内涵。

四、以“四个打造成”为任务重点，打造秀美长高、文化长高

长高用三年时间，实现了“五年规划”和“十大行动”中提出的校园环境建设和文化建设目标。以实现“四个打造成”为任务重点，即打造成全国绿色学校、人与自然和谐共生校、优秀传统文化基地校、全国文明校园，让长高成为环境秀美、文化浓郁、有极强育人功能的典范学校。

第一，打造成“全国绿色学校”。“绿色学校”在1996年《全国环境宣传教育行动纲领》中首次提出，是指在实现其基本教育功能的基础上，以可持续发展思想为指导，在学校全面的日常管理工作中纳入有益于环境的管理措施，并持续不断地改进，充分利用学校内外的一切资源和机会全面提高师生环境素养的学校。“绿色学校计划”通过详细的环境指标控制体系，对校园生态环境建设起到了直接的推动作用，充实了校园“可持续发展”的内涵。在加快推进生态文明建设的大背景下，经济社会的绿色需要人的绿色发展，而人的绿色发展需要绿色教育，绿色教育学校是最重要的基地。

长高绿化面积17500平方米，人均10.3平方米，超过示范性学校的绿化标准面积；学校每年绿化经费投入约50万元，远低于每平方米绿化面积250元的示范性学校投入标准。今后校园绿化建设以秀美（小而秀美）为宗旨，争取加大绿化经费投入，扩大绿化面积，提升绿化档次。完成绿化后，适当建设一些亭阁供学生休闲交流使用，布置一些有关中华优秀传统文化的碑文、石雕等。自加压力，2023年力争成为“自治区绿色学校”。

第二，打造成“人与自然和谐共生校”。2020年9月30日，习近平主席在联合国生物多样性峰会上说：“尊重自然、顺应自然、保护自然，探索人与自然共生之路，促进经济发展与生态保护协调统一。”燕鸽湖是人与自然共生的模范湖。每年春季、秋季都有红嘴鸥成群结队经过这里，在燕鸽湖歇歇脚，引来游人观赏、摄影。平时，人们总是在湖畔垂柳下乘凉，鱼儿在水中游动…… “校湖相融”不只是有绿色建筑，更重要的还要人和大自然和谐共生。每年学校都举行师生摄影、绘画大赛，规定以燕鸽湖、校园为题材，主要表现人与自然和谐共生。

有不少的老师、学生的与自然和谐共生绘画、摄影作品在自治区级、国家级比赛中获得奖项。学校体育运动场和每年一次的文化艺术节对学生家长开放，让家长、群众融入“校湖一体”中。学校校刊命名为《燕鸽湖畔》，也体现了校湖相融理念。

第三，打造成“优秀传统文化基地校”。燕鸽湖在设计建设时就非常注重中华优秀传统文化的宣传，可以说，现在的燕鸽湖是宁夏境内环境最美、中华优秀传统文化最浓郁的休闲公园。长高在最近几年建设中，非常注重与燕鸽湖文化融为一体，建设了具有中华传统古建筑风格的100米文化长廊，长廊看似燕鸽湖的一部分。2021年校园改造后，燕鸽湖更似学校的后花园，校湖成一体。2022年，学校校园楼宇建设完成后，有意识地给学校所有楼宇起了“文化名”：博学楼、明德楼、游艺楼、辅翼楼……这些楼宇名称与燕鸽湖石碑上的《论语》《中庸》《大学》名句等相呼应。每年学校都举办一次诗歌朗诵会、话剧表演活动，规定以燕鸽湖文化或校园文化为载体选择内容。学生很用心、很喜欢。

第四，打造成“全国文明校园”。2020年9月，学校被自治区命名为“自治区文明校园”，对学校校园环境建设和文化建设，尤其是对师生素质的提升起到了很大的积极作用。学校能被评为“自治区文明校园”，除了学校德育工作、教学质量做得好以外，“校湖相融，同为一体”建设增色不少，也算是特色。2023年，学校要争创“全国文明校园”，可以说我们已经在做这方面的准备、努力，尤其是“相融一体”的硬件建设方面，从多方筹资，想得到前所未有的大改观，力争创造一个崭新的新长高。

五、一次性规划，分期实施

要实现“四个打造成”，真正实现“校湖相融，同为一体”，必须在设计上有整体规划、一次性规划，分期实施。切不可边想边做，零散进行。

第一，师生认同“校湖相融，同为一体”理念。近两年，我们在不同的会议上宣讲此理念，并把此理念写进了“五年规划”“十大行动”中作为学校三年的目标之一。学校把“校湖相融，同为一体”与“弘扬‘大庆精神’”作为学校两大特色，并努力丰富内涵。不久，“校湖相融，同为一体”理念会成为学校的重要文化并得到传承。

第二，一次性规划，分期实施。学校请燕鸽湖文化设计者或文化公司对我校进行整体设计，设计贯穿“校湖相融，同为一体”理念，建设突出“秀美”二字。资金来源有二：一是在每年项目中列入；二是争取石油公司给予支持。预计总投资 200 万元，2024 年完成。

第三，抓住争创“全国文明校园”机会。学校是为数不多的几所“自治区文明校园”之一，具备争创“全国文明校园”的条件，可以申请。而文明校园建设内容包含校园绿化和文化建设，因此借此申报的机会，做好“校湖相融，同为一体”建设，可以说是一举两得的好事。

“校湖相融，同为一体”实现后，学校育人功能会更加强大，师生工作、学习和生活的环境会更加舒适，学校周边的老百姓会生活得更加惬意。

我们承诺：在家门口上好高中

党的二十大报告中指出的“坚持以人民为中心发展教育”，就是满足人们对美好教育的向往，包括农村和郊区的孩子。实现不了农村、郊区的孩子“在家门口上好学校”，就谈不上实现乡村振兴，就没有实现全国好教育。

假若自己家门口有优质的小学、初中、高中，你还会舍近求远去上学吗？我绝对不会。学生在家门口既能接受优质教育，又能与家人一起生活，享受天伦之乐，何乐而不为。

一、不能“在家门口上好学校”带来的问题

“不能输在起跑线上”，城里人拼命也要上好学校；“砸锅卖铁也要供孩子读书”，农村人千方百计挤到城里读书。与其说这是追求更好，还不如说这是教育的畸形。我现在是公职人员，住在银川城里，身边就有为了孩子上好学校放弃宽敞的房子而选择到孩子上学的区域租房子的家长，孩子上学近了，但家长上班距离远了，造成“学区房”价格飙升，给本来没房的造成买房压力。我老家在农村，每当听到农村亲戚叙述为了自己孩子到城里上学“妻离子散”，我都心寒。父亲到外地打工赚钱，母亲到县城陪读，爷爷奶奶在家里自己做饭（有些还要种地维持生活），导致夫妻不能长期生活在一起，有些甚至一段时间后就离婚了，老人没有人照顾要自己做饭，有病了不能得到子女及时的照顾。还有些为了孩子在城里上学，本来就比较贫困的家庭还要租房住，长期挣扎在贫困线上。

不能在家门口上学的原因一般有两个：一是村子里教学质量差、上学人数少难以维持，或者学校撤销合并，造成孩子离家上学，过早失去家庭温暖，过早失去父母应有的教育陪伴；二是几乎所有的县为了集中人力资源，高中全办在县城，上高中就得离家住校、吃食堂，从学生生活自理能力讲可能是好事，但从家庭亲情讲不是好事。家长希望的是在家门口能上好高中，既能减轻学生家庭的经济负担，又能一家人生活在一起。部分农村家庭目前的真实情况是，2021 年我国虽然全面脱贫进入小康社会，但这种脱贫还很脆弱，一旦家人有病、受灾等，还会挣扎在贫困线上。因此乡村孩子进城念书从经济角度讲是有贫困风险的，从家庭亲情方面讲一家人“四分五裂”在所难免。

老百姓要上好学校、追求优质教育是人们追求美好生活的一部分，因此要实现“在家门口上好学校”必须做到“好学校在家门口”。显然这是教育公平的重要内容，目前所采取的小学、初中划片、摇号，城乡教师交流等措施是维护教育公平的一种方法。关于“好学校在家门口”的实践，在山东有经验介绍，成都也在探索，如 2021 年 4 月 27 日，成都市教育局正式开启“家门口好学校”系列报道，校长们都发表了各自“好学校”的判断标准，值得思考、借鉴。

二、“家门口上好学校”的基本界定

所谓“家门口”，是指学校方圆约五公里的学生不需要住校，中午和下午都可以骑自行车 20 分钟回家吃饭。

什么是“好学校”？可以说见仁见智，成都市沙堰小学的校长李国惊说：“好学校就是孩子们喜欢、家长们满意、老师们幸福、社会认同的学校。”成都七中万达学校校长刘强说：“老师和校长应当是一所好学校最重要的考量，同时还应该有好的教育理念和育人目标。”成都金苹果锦城第一中学校长杨斌说：“对学生负责、让家长满意、让社会放心，把此真正落到实处。”学生和家长说：“愿意上的学校就是好学校。”我认为，“好学校”是指学生喜欢、家长满意、社会认可的学校。“好高中”就是指“初三毕业生喜欢、家长满意、社会认可的高中”。“好学校”的核心概念是“学生喜欢”，而“学生喜欢”的核心内容是学生取得进步、获得发展。这也是判断“好学校”的最根本标准。

以此判断，宁夏长庆高级中学就是“家门口的好学校”：至少80%学生的家在学校方圆5公里范围内，学校方圆5公里的初三毕业生都愿意到长高上高中，办学质量家长基本满意、社会认可。长高的办学理念“让每一个学生在原基础上取得进步，获得发展，体验成功”，正是“好学校”的核心追求。每当我早晨、中午、下午看到长高学生三三两两聊着天步行走在燕鸽湖畔来校或回家时，我从心底由衷感叹多幸福啊！

三、长庆高中是如何做到学生“在家门口上好高中”的

长高之所以能实现“在家门口上好高中”，有历史原因，有政策支持原因，更有学校努力的原因。

1. 历史惯例

1998年以前，长庆油田在宁夏有四所学校。宁夏盐池大水坑的四中、宁夏灵武马家滩的五中、宁夏吴忠九公里的六中三所学校在距离银川30~60公里的石油基地附近，办学质量是比较好的，每年都有考上清华、北大的学生，石油人的子女基本上都在家门口上幼儿园、小学、初中、高中。1998 年，三校搬入银川，合并为一个学校——宁夏长庆石油学校。学校建在银川市东郊石油城里，距离东城边有约 5 公里的路程，离城里高中有 10 公里。学校建设以及教学设施比当时银川的任何一所高中都好，由于石油公司给教师分配住房、免暖气费、免物业费等，加之教师待遇比银川的都好，从而吸引了一批优秀的教师、家长放心的教师。现在校学生的父母是长高毕业考入大学的，甚至这些父母的父母也是长高毕业的，家长们口口相传，名教师也代代相传，在长庆石油学校读书就成了惯例。

2. 政策支持

2004 年长庆石油学校整体移交宁夏回族自治区政府，隶属教育厅管理。2008 年原长庆石油学校的小学、初中、高中分开办学且各有独立的校址，高中命名为宁夏长庆高级中学。初中、高中有一份招生协议，协议上说长庆高中高一招生指标的 60% 用来招收宁夏长庆初中的学生。石油城里的孩子基本上都上了设立在石油城里的小学、初中，且小学、初中质量都不错。石油城的孩子有在家附近上学习惯的另一个原因是石油人特殊的上班作息时间：20 天到离家百公里远的石油基地上班，10 天在石油城家中休息。在家长上班的 20 天内，孩子基本上由爷爷奶奶照顾。在家门口上学，自然方便了许多。

3. 学校努力

办学以来，有 18 名学生考入清华、北大，有多名学生考上人民大学、上海交通大学等。有学生进入全区知名的学生足球队、排球队、管乐队等。2012 年以来，学校提出“让每一个学生在原基础上取得进步，获得发展，体验成功”的办学理念，“低进高出，高进优出，普惠教育”教学质量目标，使每一个孩子在高中三年的学习中成长成才。学校针对家长每月在石油基地上班20天，在家休息10天的作息特点，提出“老师作学生的第二监护人”和“你在一线采石油，我在后方伴成长”的工作方式；摸索出了“集体辅导加个体指导”，让尖子生吃饱的做法，稳固了尖子生；引导有艺术、体育特长的学生向特长方面发展，实现人人进步、人人成功。

“在家门口上好高中”是学校对社会的承诺，也是我们办学的目标。承诺意味着责任和使命，责任是尽全力办好学校，让学生全面发展；使命是让孩子幸福成长，包括考上满意的大学。但考上大学不是唯一追求，我们还要保证学生在高中三年中健康成长，注重培养学生全面发展等。学校要更加强化“让每一个学生在原基础上取得进步，获得发展，体验成功”的办学理念，让人人取得最大进步，凸显“弘扬‘大庆精神’”特色，打造精神高地。继续执行好长庆高中指标的60%为长庆初中直升政策；继续丰富已有的有利于学生成长的做法，如“老师做学生的第二监护人”“你在一线采石油，我在后方伴成长”等有效做法；继续密切学校与长庆油田局的关系，学校努力办好学校，让更多石油子女上大学，长庆石油局一如既往从经济、物资等方面给予学校大力支持。

要实现“在家门口上好学校”必先实现“好学校在家门口”。长庆高中为了更好实现“在家门口上好高中”，非常重视与高中在同一石油城的长庆小学、长庆初中、长庆高中一体化“好学校”建设，即长庆小学为长庆初中、长庆初中为长庆高中、长庆高中为大学输送优质生源。当下和未来我们要继续努力，发扬“攻坚啃硬，拼搏进取”精神，让“在家门口上好高中”更加普惠于学校周边的老百姓，成为全区乃至全国“在家门口上好高中”的示范。

学校教育非常重要，但无论多么重要，都只是家庭教育的重要补充，

“在家门口上好学校”解决了不能“在家门口上好学校”带来的系列学校、家庭教育问题，尤其弥补了家长教育孩子的缺位，使家校教育更加规范、有效。

第三部分　求解“知行合一”最大值

任何能正常思维的人都可能随时随地产生各种各样的灵感。而很多灵感对人生是非常重要的，或改变人的命运轨迹，或提升生命内涵的高度，如王阳明“龙场悟道”产生灵感，创立了“心即理”学说；屠呦呦从葛洪《肘后备急方》的“青蒿一握，以水二升渍，绞取汁，尽服之”中得到灵感解决了问题。但我们知道，“冰冻三尺，非一日之寒”，灵感的产生从来都不是凭空而来的，而是来源于生活，来源于人知识的积累，正所谓“长期积累，偶然得之”。在实践中，我们都有这样的体会：探索某个问题时，长期不得要领，无法突破，突然某天或某时就“蓦然回首，那人却在灯火阑珊处”，使人豁然开朗。本部分写的正是我的部分灵感、特殊记忆或对教育的特别理解，它对我形成校本教育思想意义重大。

求解“知行合一”最大值

——对函数式 J=X·Z cosθ 的解读

2021 年 10 月 22 日，银川市学生全部转到线上学习，给了我一些思考时间和空间，思考以前走过的路，有哪些成功或者失败，思考以前有过的想法，有哪些可用或者该淘汰，同时思考以后还能做些什么、怎样做，这一思考有点像王阳明贵州“龙场悟道”的意思。

1506 年，王阳明因反对宦官刘瑾被贬至贵州龙场当驿丞。王阳明生活在一种宁静而条件艰苦的环境中，历年来的遭遇使其日夜反省，一天半夜，他忽然对《大学》的中心思想有了新的感悟，认为人的内心自然包含世界运行的规则（心即理），认识到圣人的高尚品质人人都具备，这个高尚品质即是良知。从外面的事物寻找良知是错误的。这就是王阳明提出的“致良知”，也就是“知行合一”（知是行之始，行是知之成）。

所谓“知行合一”，是指认识事物的道理与实行其事是密不可分的一回事。说到“知行合一”，我想起了我国人民教育家陶行知先生。陶行知原名陶文浚，大学期间，他深受明代思想家王阳明“知行合一”论的影响，在 19 岁时给自己改名“陶知行”，认为“知是行之始”，认识先于实践。之后，他逐渐认识到“行”的重要性，提出“行是知之始”，有实践才有认识，于是在43岁时，他又改名“陶行知”。再之后，陶行知又认识到“从行到知”只是认识的第一个阶段，“再由知到行”又是认识的更高阶段，于是写了一首小诗“行动是老子，知识是儿子，创造是孙子”，也就是他的“行知行”理论。陶行知把“行知行”应用到教育上，具体提出“教学做合一”的主张，认为“教学做合一”是“生活即教育”与“社会即学校”的中介。我之所以把这篇文章题目定为《求解“行知合一”最大值》，是赞同且受益于陶行知先生的教育理论。

王阳明强调，知中有行，行中有知，知行同生同灭，只有“合一”，才能真正产生巨大力量。陶行知虽然把“知是行之始，行是知之成”改成了“行是知之始，知是行之成”，但也强调“知中有行，行中有知”。陶行知更加强调“行”的重要作用，“行以求知知更行”。

外出考察学习和读书学习是校长的常事，看似只提升了校长的“知”，但实质上同时提升了“行”，因为校长常常在直接汲取别人成功经验和间接汲取书本经验的同时，会自觉地结合自己学校实际思考能不能也这样做，一旦判断能做，会在短期付诸行动。这一过程实质上是知、行同时提升，同时发挥作用，从而发挥出更大的办学潜能。在“行”的同时也提升了“知”是常态，因为在“行”的过程中往往会想如何“行”得更好，这就需要学习。

作为一名学校的校长，只有在“知行合一”了，才能做出更大成绩。北京第一实验学校校长李希贵就是一个行、知都很强，能够做到“知行合一”的典范。现实中，我们也会看到，有些校长的理论水平很高，但校长的执行效果不佳，学校办得一般般。也有些校长，理论水平低，但执行力很强，也能管理好一个“乱”学校，因为可能在当时的背景下提出了几项措施，同样发挥作用，虽简单但有效，即在关键的方面能做到行知合一。

在一个学校，校长“知行合一”产生的效果一般比任何一个人都大，因为校长“行”“知”的范围、产生的影响力比任何一个人都大，这就是人们常说的“一个好校长，就是一所好学校”。

我的“知行合一”函数表达式

“知行合一”的绩效值到底如何表述？“知行合一”的绩效值与“行”“知”“知行合一”的因素有关。“行”和“知”不管哪一个值小了，必导致“知行合一”的值小，“行”和“知”的值都大，但二者不契合，“知行合一”的最大值也不会大，甚至是零。与物理学做功的概念相似，$W=F\cdot S\cos\theta$，w(功)的值，与力F和力的方向上的位移S相关，与力和位移的夹角关系重大，若 $\theta=90°$，$\cos\theta=0$，导致功为零；若 $\theta=0$，$\cos\theta=1$（最大），功就等于F和S的乘积。

可以这样总结，“知行合一”的绩效值（J）与“行”（X）、“知”（Z）有关，与“行”“知”二者的“合一”（θ）程度有关，函数表达式为 $J=X\cdot Z\cos\theta$。若 $\theta=90°$，即“行”与“知”互不相干，那么 $\cos\theta=0$，导致“知行合一”绩效为零；若 $\theta=0$，即“行”“知”完全一致，那么 $\cos\theta=1$（最大），绩效值（J）就等于“行”（X）和“知”（Z）的乘积；若 $\theta=180°$，即“行”和“知”完全相反，那么 $\cos\theta=-1$（负最大），绩效值（J）就等于“行”（X）和“知”（Z）乘积负最大值。

现实中可以这样理解：

①想到却做不到，或做了却做不好，即“知”（Z）的值较大，“行知”也“合一”（$\theta=0$，$\cos\theta=1$），但“行”（X）几乎为零或者很小，那么“知行合一”的绩效值（J）为零或很小。

②突发奇想没有理论支持就做，尽管方向正确，但因为缺乏理论支持而效果很差，即“行”（X）和“合一”（$\theta=0$，$\cos\theta=1$）的值较大，但“知”（Z）的值很小，那么“知行合一”的绩效值（J）很小。

③想到了也做到了但没有达到目的，即“行”（X）和“知”（Z）的值都较大，但没有“合一”（$\theta=90°$，$\cos\theta=0$ 或 $\theta=180°$，$\cos\theta=-1$），那么“知行合一”的绩效值（J）为零或很小或呈负值。就好比你要孝顺父母，你把饭做好了，也端到父母面前了，但是你面露不快，父母吃得不顺心，还是不孝。

求解“知行合一”最大值

校长提出一种想法且付诸行动后要的是最大效果，即“知行合一”的绩效值最大。

在求解“知行合一”最大值之前，我先说说王阳明的“致良知”。所谓“良知”，指天生本然，意思是顺应道德而赋予（不学而得）的智慧。“致良知”就是将良知推广扩展到万事万物。“致良知”是王阳明建立“心即理”的理论框架后提出的。他研究圣贤之所以成其为圣贤，他们的共同点就是善本性，从而得出圣人有向善的良知。后来他发现不仅是圣人，所有人都有向善的良知，因此倡导人们把这种良知体现在每一件事上及人生的每个阶段。因此，我要说的是“知行合一”必须讲“致良知”，这是得到“知行合一”最大值的必要条件。

第一，去除恶，弘扬善，“合一”合的是善。“从天理，去人欲”是心学和理学都强调的，只是如何“去人欲”的看法有所不同，一个观点是靠强大的内心；另一个观点是内心和外界同时起作用。“合一”合的是善，而不是恶，也可以理解成我们常说的，做正确的事情，正确地做事。

真正搞教育的人，不仅不能有恶念、恶行，而且不能有急功近利的想法，不能有物质奢望，这可能就是“去人欲”吧。“捧着一颗心来，不带半根草去”正是陶行知称之为人民教育家的缘由，也是他提出“教学做合一”获得认同和成就的人性基础。现实中的部分校长唯升学率的急功近利，与其说多考上几个大学生取得了成绩，不如说唯升学率而不顾停开美术、音乐等非高考科目是在犯罪。加班加点地上课，节假日、寒暑假、周六周日统统上课做练习，严重损害了青少年的身心健康。当然，校长也并不是不知道这种唯升学对学生的危害，一是社会压力，衡水中学校长说“今天我不抓升学率，明天校长就不是我”；二是行政评价的压力，升学率高的多发奖金，获得的表扬多、先进多；三是家长和学生向往美好生活的一种强烈愿望，不可抵挡。

第二，知中有行，行中有知，即知行的同一性。王阳明说“知是行之始，行是知之成”，讲的就是“知”“行”的一致性。实践中，“知”“行”错位无收获者比比皆是。也就是说，首先判断“知”“行”一致了，才可以在提高“知”和“行”的值上想办法，必然产生好结果。若“知”“行”不一致，就不要徒劳了。2021年我推行“小教练制”，即有体育特长的学生作为小教练教没有体育特长的学生（兵教兵），解决学生掌握1～2项运动技能的难题，学校从顶层进行了设计，然而一年过去了，“小教练制”推进得没什么大的效果。问题出在哪里呢？“知”“行”不合一！也就是说，有了“知”但“行”没跟上来，“知”“行”二者合一度差，导致效果几乎是零。

当前的“双减”政策、“五项管理”以及“五育并举”，是克服“五唯”顽疾的重要举措，我是非常赞成的，相信其他校长也是认同的，但问题出在行动严重滞后于认识，“知行合一”的契合度太低，产生的效果也是微乎其微。其实，行动不到位，根源还是认识不到位，没有行动的“知”，不是真正的“知”，别忘了“行中有知，知中有行”才叫“知行合一”。按照陶行知的“行知行”理论，这个链条是不完整的，或者链条连接得不紧密。

第三，要在学习中践行。一是向别人学习，如参观学习是最直接、最快捷提升认知水平和产生行动的方式；二是向书本学习；三是学习政策，与时俱进。这看似提升了“知”的值，但实质是在提升“知”的同时也提升了“行”的值。学习的同时已有“行”的意念、办法或者二者同时在践行。

我举一个由“知”到“行”再到“知行合一”的例子。2010 年，我去华东师大参加信息技术培训，其间安排我们到知名学校参观。我记得很清楚，当我看到学校的录课室时很受启发，就联想到在我校也建一间这样的录课室，提升老师录制课的质量。我回来后不久，学校按照我的提议建了两个录课室，大大方便了教师录课。

第四，要在践行中学习。德鲁克说：“管理是一种实践，其本质不在知，而在行。”要善于把想法付诸实践，用实践检验想法的正确性。“行胜于言”“与其坐而论道，不如起而行之”说的都是“行”的重要性。陶行知之所以把自己名字从“陶知行”改为“陶行知”，说“行动是老子，知识是儿子，创造是孙子”，都是强调“行”的重要性。这看似在提升“行”的值，但实质是在“行”的同时，必不可少地会大量学习，提高认识，总结提炼。2021 年 10 月，学生转到线上学习，不少教师对教学效果进行了实践研究，总结了很多妙招。学校趁势组织了“我的课堂有妙招”展示活动，教师把实践中妙招提炼出来，加以理论升华，最终作为展示的妙招，反响很好。“我的课堂有妙招”活动是典型的“行”与“知”共鸣，“合一”契合度高、效果佳的表现。

第五，不断反思，求解“知行合一”更大最大值。有时产生了一个想法并付诸行动，即使当时做到了“知行合一”，产生的绩效值在当时是最大的，但随着时代变化和自己理论水平的提高、实践能力的提升，自己对“知行合一”各变量的认识会提高甚至有飞跃，加之“知”“行”环境比以前更好，此时“知行合一”的最大值会比原来的值更大。例如，校内绩效工资发放制度，只能保证现在比以前更有激励作用，但无法保证能有持续的激励作用。有时某个想法在当时执行时阻力很大或认同很少，产生的效果也一般甚至还未做便夭折，但经过三年，我们重新做这件事，不仅有效果而且成为亮点。如宁夏长庆高中 10 多年来一直提倡“弘扬‘大庆精神’”，但效果一般，直到 2021 年 9 月中共中央宣传部把“大庆精神”作为中国共产党人的 46 个精神谱系之一，“大庆精神”的内涵被确定，中央要求大力弘扬谱系精神，“弘扬‘大庆精神’”的时机比以前成熟了，学校趁势明确长高把“弘扬‘大庆精神’，打造长高精神高地”作为学校精神特色，系统阐释“大庆精神”，大力宣传“大庆精神”，把“弘扬‘大庆精神’”作为校本课程系统开发并实施，努力打造师生认同的学校文化。可见，要得到“知行合一”更大最大值，求解的方法就是不断提升自己的综合素质，或不断对过去绩效不佳的做法进行反思，找到提升“知”“行”与“合一”值小的原因，从而提升其值，最终获得更大最大值。

完美的结局永远是相对的，我们追求完美是永无止境的。

验证“知行合一”最大值

2020 年 7 月中共中央、国务院发布的《国家中长期教育改革和发展规划纲要 (2010—2020 年)》明确规定：“把育人为本作为教育工作的根本要求。要以学生为主体，以教师为主导，充分发挥学生的主动性，把促进学生健康成长作为学校一切工作的出发点和落脚点。”这就是学校验证“知行合一”最大值的标准。

第一，学校的一切出发点和归宿都应该放在学生获得成长上。这里所说的成长，绝不能单一等同于考上大学，而是德智体美劳全面发展。学生的进步、发展，主要是在原基础上的进步，如学生原来学不懂书本上的知识，而现在不仅能学懂书本上的知识，还能举一反三，这是进步；学生原来体育方面没有一项特长，现在喜欢上了羽毛球、乒乓球，且技能提升了，这是进步。2020 年 10 月，中共中央、国务院颁布的《深化新时代教育评价改革总体方案》提出“探索在原基础上增值评价”，我非常赞同，这样能激发所有学校办学的积极性，追求“知行合一”的最大进步值。

第二，面向全体学生，而不是个别学生。若为了成就个别尖子生而不顾或牺牲众多学生的教学，这是失败的，“知行合一”是不充分的。学校应该有国家课程、校本课程，有围绕知识的课程，有围绕兴趣的课程，有围绕特色的课程等。学生运动会、艺术节、科技节、每天保证锻炼一小时等，都体现的是一个学校校长对德智体美劳全面发展的“知行合一”的检验。如长高“让每一位学生在原基础上取得进步，获得发展，体验成功”的办学理念，正是强调“每一位”，面向的是全体。

第三，面向学生的全面发展。我们党的教育方针指出“培养德智体美劳全面发展的社会主义建设者和接班人”。近两年，教育部连续下发了体育、艺术、劳动实施方案，中考把体育、艺术等作为考试项目，成绩计入录取总分，这是强调“行”和“合一”，是一种实实在在提升效果的举措，将会有力地促进学校办学全面、学生全面发展。

第四，注重学校特色发展、学生个性发展。特色是一个学校特质的体现、个性化的体现。2019年6月，国务院办公厅颁布的《关于新时代推进普通高中育人方式改革的指导意见》明确指出，学校要重视特色化办学，要打破千校一面的统一模式。对特色化办学，校长从认识上不会反对，但有几个学校真正办出了特色呢？没有几所。“行”“知”不能和谐或脱节，或只有所谓的认识而没有真正意义上的行动，“知行合一”值很小，自然没有显出应有效果。

第五，办学声誉不断提升，学生自信、综合素质得到提高。办学品质的提高决定着办学声誉的提高。“知行合一”效果明显了，校内校外对学校办学评价一致是好评了，学校声誉自然而然提升了。而学校声誉高了，教师和学生的自信心自然就强了。

“知行合一”规律是“行”与“知”范畴的统一，其本质包括三个方面：在教育价值上，“行”“知”互为基础、相互联系，又互为目的和过程；在教育方式上，“行”与“知”互相包含、互相依存，又相互转化、相互促进，达到“转识成智”“以文化人”“实践出真知”；在教育过程上，“行”与“知”互相协调、和谐统一、对立统一、合而为一，达到身心和谐、情知互动、全面育人。

弘扬“大庆精神”严的作风、硬的标准
——构建“一一五五六”德育管理体系

“大庆精神”是中国共产党人精神谱系之一。习近平总书记在大庆油田发现60周年之际发贺信“要大力弘扬大庆精神、铁人精神”。

宁夏长庆高级中学在银川建校20多年来，一直在银川石油基地燕鸽湖畔，原隶属于长庆油田，2004年整体移交到自治区教育厅。学校60%的学生来源于长庆石油子弟，70%的教职工系原石油人。学校长期受石油人的影响，无论是校风，还是师生的特质，都继承了石油人特有的品质，即“大庆精神”严的作风和硬的标准，这为学校快速发展奠定了管理基础。笔者本文呈现的是宁夏长庆高级中学如何弘扬“大庆精神”严的作风、硬的要求，进而构建“一一五五六”德育管理体系的。

一、“大庆精神”严的作风、硬的标准内涵丰富

“爱国、创业、求是、奉献”的“大庆精神”是我们国家宝贵的精神财富。60年来，大庆石油人既培育了“大庆精神”“铁人精神”，又形成了一整套优良传统和作风，并以强大生命力流传至今，在几代大庆人中薪火相传。

"大庆精神"形成的背后有丰富的管理经验。"三老四严"（对待革命事业，要当老实人，说老实话，办老实事；对待工作，要有严格的要求、严密的组织、严肃的态度、严明的纪律）、"四个一样"（干工作黑夜和白天一个样、坏天气和好天气一个样、领导不在场和领导在场一个样、没有人检查和有人检查一个样）的过硬作风；"五条要求"（人人出手过得硬、事事做到规格化、项项工程质量全优、台台在用设备完好、处处注意勤俭节约）的行为规范硬标准；"三个面向，五到现场"（面向生产、面向基层、面向群众；生产指挥到现场、政治工作到现场、材料供应到现场、科研设计到现场、生活服务到现场）的领导工作指导思想；"三基"（狠抓以党支部建设为核心的基层建设、以岗位责任制为中心的基础工作、以岗位练兵的基本功训练）筑牢基层建设。

这些管理经验对所有石油人、石油人后代以及石油子弟学校影响至深，可以说代代相传。

二、"大庆精神"管理经验与现代管理要求相互融合，构建"一一五五六"德育管理体系

"大庆精神"以及大庆人用血和汗积累的管理经验是我国宝贵的财富，我们不仅不能丢弃，而且要发扬光大。宁夏长庆高级中学自创建以来一直非常重视传承石油人精神，通过请老石油人讲故事、到石油基地参观等形式，对师生进行石油人精神的教育，强调用"大庆精神"给学生精神成长补"钙"；重视把弘扬"大庆精神"管理经验与现代管理要求相互融合，通过不断凝练，构建了"一一五五六"德育管理体系，强调用"大庆精神"管理经验为学校发展助力。

所谓"一一五五六"，是指一个核心、一条主线、五条红线、五个意识、六项落实机制。

以“立德树人”为核心。立德树人是教育的根本任务，我们必须把立德树人贯穿到学校教育教学全过程。

以弘扬“大庆精神”严的作风和硬的标准为主要精神线，即德育管理构建主线。

“五条红线”为底线教育，即结合学生易发问题要求：不迟到旷课，不改校服校裤，仪容仪表合格，不带手机到校，不吸烟、喝酒、打架。

“五个意识”为尚德教育，即学生要成为社会主义合格建设者的要求：一是关注国是的大局意识，教育要将自己的人生与祖国的命运紧密结合起来；二是不触底线的规则意识，时刻提醒自己做一个懂规则、守规矩的人；三是敢当大任的责任意识，努力学习，未来以优异的成绩报效祖国；四是知恩图报的感恩意识，感恩现在伟大的新时代；五是有志愿精神的互爱意识，为人和善，团结同学，为社会和谐积极做出贡献。

“六项落实机制”：一是发挥好德育教育的三支队伍作用，即领导干部队伍的指导引领作用，班主任教师队伍的示范作用，党团员和学生干部队伍的带头作用。二是建立校长、副校长、部门（年级）、班级、学生五级值周、考核、安全等制度；教职工师德考评、学生德育考评机制；德育处、班主任、家长、学生四级“五条红线”督查制度；“双五”（“五条红线”和“五个意识”）日主题活动制度。三是建立以“五个意识”为主要内容的大思政教育。书记、校长带头上党课；学科教研组为实施单元，40 多个研究性课题学习彰显特色，构建全学科课程育人体系。四是书香校园满书香，文明校园文明行。通过《燕鸽湖畔》校刊、学校公众微信号、文化名人上墙壁等，营造风清气正的校园文化。五是利用学校、年级、班级三级家委会，开展家校协力的“六个一”（开展家庭教育系列宣传、家长学校讲座系列化、专家服务进校园、优秀家庭教育交流及案例推荐、创建全区家庭教育示范校、开展全员家访活动）；以“五个意识”为核心内容的分层家长会解决了学生目标不明、动力不足，措施不力的“三不问题”。六是实践活动让“双五”教育更加丰富。如在和长庆油田采油三厂联合主题党日活动中，当主持人提出“哪个同学能够准确地说出你父母的工作单位、岗位和具体工作”时，台下顿时沸腾了，学生的回答充满了对父母工作的理解和支持，也饱含了对父母的爱。

“双五”具有明显的大庆油田会战时提出的“三老四严”“五条要求”的烙印。“六项落实机制”具有石油人提出的“三个面向，五到现场”和“三基”领导工作指导思想与基层建设管理经验。

“一一五五六”德育管理体系，把立德树人根本任务用弘扬“大庆精神”以及管理经验这条主线生动串联了起来，既内容丰富又生动直接，同时也符合石油学校的校情，增强了德育教育、管理的实效性。学校在传承中注重融入新时代的最强音，如在“双五”要求下结合时代要求提出要培养学生“端庄儒雅，勤以养得”，不断丰富“一一五五六”德育教育内容。如今，若有人问“学校德育教育、管理特色是什么”？师生会不假思索地说：“石油精神”和“大庆精神”管理经验。

2020年以来，学校开发了“大庆精神”系列课程并进入课堂，使“大庆精神”系列化、课程化、常态化，更加使“大庆精神”以及管理经验根植于师生心里。

三、“一一五五六”德育管理已初见成效

我校通过多年的持续探索，尤其是近一年以“大庆精神”管理经验为精神主线的“一一五五六”德育管理体系的构建、实施，德育教育水平得到了很大提升，初步显现出一些成果。

一是形成了一套具有显著“大庆精神”管理经验的德育教育体系。

学校经过多年的探索，尤其是以“大庆精神”为主线的校本课程的开发和进入课堂，形成了一套完整的德育管理和教育体系，该体系以立德树人为核心，发扬“大庆精神”，继承石油人“三老四严”作风和“五条要求”标准，构建了“端庄儒雅，勤以养得”为目标的“双五”固本特色教育。

二是学校校风、教风、学风中都注入了鲜明的“大庆精神”，且在发扬光大。学校德育教育的“五条红线”和“五个意识”既有“大庆精神”中“三老四严”“五条要求”的显著烙印，又有符合新时代精神和学校实际的切实可行的要求。可以说，“大庆精神”影响了上一代人、这一代人，还会深深影响下一代人。“大庆精神”管理经验过去起作用，现在起作用，未来仍将起作用。

三是形成了全校师生学习“大庆精神”“铁人精神”的浓厚氛围，增强了学生执行“双五”管理的自觉性。

攻坚啃硬　拼搏进取
——“大庆精神”课程开发案例

宁夏长庆高级中学现60%以上的学生是石油人子女，70%的教职工是原石油人。因此，学校与石油人、石油人精神密不可分。2020年1月，学校着手开发“大庆精神”系列校本课程，同时付诸课堂。文章以项目式学习、沉浸式学习、反思式学习三种范例，引领学生认知、体悟、践行“大庆精神”。

“大庆精神”是中国共产党人精神谱系之一。

“大庆精神”具有丰富的教育内涵：“为国分忧，为民族争气”的爱国主义精神；“宁肯少活20年，拼命也要拿下大油田”的忘我拼搏精神；“为革命有条件要上，没有条件创造条件也要上”的艰苦奋斗精神；“干工作要经得起子孙万代检查”的科学求实精神；“甘愿为党和人民当一辈子老黄牛”的无私奉献精神。

宁夏长庆高级中学建校20多年，学校60%的学生为长庆石油人子女，70%的教职工系原石油人。学校长期受石油人的影响，无论是校风还是师生的性格，都继承了石油人特有的品质，那就是“大庆精神”。

实践中，笔者以项目式学习、沉浸式学习、反思式学习三种典型范例，引领学生认知、体悟、践行“大庆精神”。

一、以项目式学习认知“大庆精神”

以学生发展为中心的项目式学习有利于学生基于项目任务获得主动知识。教师通过下达学习任务，引领学生在项目式学习中了解大庆石油人创业的艰难历程，感知大庆石油人取得成就的宝贵经验，理解我国石油变迁背后党的基本路线、方针、政策，深化对“大庆精神”的理性认识，更加坚定“四个自信”，从而做到“坚持政治性和学理性相统一、价值性和知识性相统一、显性教育和隐性教育相统一”。

案例一

攻坚啃硬，感天动地——追忆60年前的岁月，了解中国石油发展变迁。

情境背景：主要以《铁人王进喜》《奋不顾身制井喷》等视频为载体，感受60年前为国争光、为民族争气的爱国情怀，“有条件要上，没有条件也要上”的创业勇气，“三老四严”“五条要求”的求是作风，“我甘愿为党和人民当一辈子老黄牛”“宁肯少活20年，拼命也要拿下大油田”的奉献精神。60年间，中国从贫油国变成石油产量大国，书写了世界石油史上罕见的奇迹。

问题探究：认知、感受“爱国、创业、求是、奉献”的“大庆精神”的真正含义。思考中国从世界贫油国变成石油大国靠的是什么。

任务要求：分组设置项目式学习方案。

第一小组：从政治视角，选取60年前中国在世界上的国际地位、基本国情、石油资源状况和中国的科技实力、苏联技术支援全面撤退的境况。

第二小组：从历史视角，选取60年来石油创业、发展的关键人物及关键事件。

第三小组：从地理视角，选取60年前我国石油东进战略的重大意义。

第四小组：从未来视角，选取60年来我国石油发展以及未来１０年的石油发展趋势。

教师点拨：体会60年前贫油的我国受到石油产量少的影响，发展寸步难行。大庆油田出油后逐渐摆脱了我国石油贫国的局面，使我国社会主义建设开始快速发展。60年来，经过几代人的奋斗，我国已经成为世界石油大国。从石油贫国到石油大国，“大庆精神”一直是一面永远高举的精神旗帜。

设计意图：项目式学习通过任务驱动、调动学生参与的积极性，有利于激发学生潜能，培养学生的创造性思维，让学生从不同视角了解大庆石油的发展变迁，认识大庆人取得伟大成就的宝贵经验，增强政治认同。

二、以沉浸式学习体悟“大庆精神”

认知只是第一步，由认知到体察、感悟需要切实的参与，因此沉浸式学习是一个可行的学习方式。沉浸式学习特指引导学生通过角色扮演、采访访谈、口述历史等沉浸方式，全身心地体察、感悟“大庆精神”，让学生更深刻地理解中国石油有今天来之不易，以激发学生强烈的使命感，激扬其生命价值。

案例二

跨越时空的对话——体悟“大庆精神”，激发学生内省思悟。

情境背景：60年前，国际形势动荡多变，我国百废待兴。西方一些国家利用政治、经济、文化、外交等手段卡中国的脖子。我国石油奇缺，严重影响社会主义建设。中国石油下一步怎么走引起世界的高度关注。

问题探究：假如让我们穿越时空回到60年前，我们会如何选择？交出怎样的时代答卷？面对艰苦，我们敢不敢像铁人王进喜一样跳进刺骨的泥浆中？敢不敢说出“甩掉中国贫油帽子”？

任务要求：重走“艰苦路”“创业路”“创新路”。

活动一：穿越时空角色扮演。活动形式为人人论坛（有人提出观点说明理由后，其他人可以提出质疑与追问）。活动主题为如何不顾个人安危，只为出石油埋头苦干？

活动二：“我”是石油人——与奇迹创造者的对话。活动形式为设计“走进榜样人物访谈”方案。

活动要求：分“石油模范人物”“父辈或爷爷（石油人）感人经历”“当代石油改革者”“石油科技者”四个小组进行访谈。

教师点拨：“大庆精神”是大庆人在艰苦岁月中流血流汗干出来的，精神背后有大庆人的生动故事。“三老四严”“五条要求”之所以在我们石油人的脑海里深深扎根、影响石油子弟学校的校风，是因为“三老四严”的工作作风和“五条要求”的规范要求在过去、现在和将来都有大家认同的现实意义。

设计意图：理解“大庆精神”的内涵和要求，让学生勇担时代赋予的历史责任。

三、以反思式学习传承“大庆精神”

反思式学习是指通过对学习活动过程的反思来进行学习。“大庆精神”反思式学习是指在前期项目式学习和沉浸式学习的基础上，引导学生思考作为享受基础建设成果的一代，即受益者，如何树立目标，坚定理想信念，通过自身行动及生活点滴自觉传承“大庆精神”，有效促进对“大庆精神”认知的内化。

案例三

新时代新征程新青年——践行“大庆精神”，攻坚啃硬，拼搏进取。

情境背景：习近平总书记致大庆油田发现60周年的贺信中写道“站在新的历史起点上，希望大庆油田全体干部职工不忘初心、牢记使命，大力弘扬大庆精神、铁人精神，不断改革创新，推动高质量发展，肩负起当好标杆旗帜、建设百年油田的重大责任，为实现‘两个一百年’奋斗目标、实现中华民族伟大复兴的中国梦作出新的更大的贡献”！

问题探究：作为新时代青年，应该如何弘扬“大庆精神”，勇担时代使命，才能不辜负这个伟大的时代？

任务要求：

①给未来10年后的自己写一封信，谈理想和未来规划，主题班会或课堂上发言分享。

②制订寒暑假中为期一周的社会实践计划，适时完成这份计划，并展示自己的实践成果。

教师点拨：新时代仍需奋斗者。石油后人不是安逸的代名词，更不是“啃老族”的代名词，而应是社会有用人、奉献人。

设计意图：习近平总书记在学校思想政治理论课教师座谈会上强调“要坚持理论性和实践性相统一，用科学理论培养人，重视思想政治理论课的实践性”，体会“干，才是马列主义；不干，半点马列主义也没有”，引导青少年正确理解“社会主义是干出来的”“幸福是奋斗出来的”。

“大庆精神”是我国宝贵的精神财富，我们要大力传承，同时要结合时代需求进一步丰富内涵。作为与石油人紧密联系的学校，要大力弘扬“大庆精神”，让“大庆精神”永驻我心、大放光辉。

“小教练制”破解学生掌握运动技能之难

中学生在校锻炼一小时，掌握1~2项运动技能，是学校体育健康、学生终身幸福的重要举措。宁夏长庆高级中学在破解“学生掌握1~2项运动技能”方面，以校内实行“体育运动技能达标鉴定”“小教练制”为工作突破口，做了大胆而有实效的尝试，取得了明显效果。

一、问题提出

中学生在校锻炼一小时，掌握1~2项运动技能是学校体育健康、学生终身幸福的重要举措。2022年1月发布的《普通高中学校办学质量评价指南》再次提出：“学生在校内每天锻炼一小时，体质健康监测达标，掌握1~3项体育运动技能。”可见，国家对学生身体健康的重视。可以说，各学校通过开齐、开足体育课，实行上下午各30分钟大课间活动等，确保了学生在校锻炼一小时。然而，在掌握1~2项运动技能方面还做得远远不够，思想认识不到位、达标缺乏标准、评价没有有效措施。因此，我认为落实“五育并举”之体育，下一步的重点应放在“学生掌握1~2项运动技能”的真正落实上，拿出可行之举全力推进。

2018年4月，上海发布《青少年运动技能等级标准》（“4等12级”制的基本等级），具体给出了乒乓球、足球、篮球、排球、羽毛球、网球、高尔夫球、田径、体操、游泳和武术11个项目的运动技能达标标准；2019年1月，北师大发布了《我国大中小学体育运动技能等级标准》，给出了足球、篮球、武术等18个项目的运动技能达标标准。这两个标准虽然还没有推广，测试人员的培训也没有全面铺开，但毕竟给我们自主鉴定提供了可以参考的依据。

二、破解“学生掌握1~2项运动技能”的路径

在目前还无法实行国家统一标准的运动技能达标鉴定情况下，进行校内运动技能达标鉴定，促使学校内运动技能鉴定没达标的学生尽快补课让其达标。

第一，制定学校运动技能达标鉴定标准，并进行校内运动技能达标鉴定工作，让每个学生明确知道自己掌握了几项运动技能。首先，制定校内运动技能达标标准。学校应该依据上海公布的《青少年运动技能等级标准》和北师大公布的《我国大中小学体育运动技能等级标准》为基本参考标准，并结合本地区、本校实际制定《学校学生运动技能达标标准》。《学校学生运动技能达标标准》可以增加本地区民族传统体育项目达标标准，如瓦球、木球、踏脚等。其次，组织达标鉴定。宁夏长庆高级中学的经验是面向全体学生公布《宁夏长庆高级中学体育运动技能达标标准》，学生根据标准自行判断，自己提出申报达标的项目，上交学校后，等待学校鉴定。学校归类后，分项目组织达标鉴定。鉴定实行“4等级制”，即A、B、C、D级，D级是未达标，A级、B级、C级为达标，A级为优秀。学校对学生在全国、自治区、市级等各种比赛中取得体育比赛名次，发证的运动员以及社会机构认定的运动员等级，根据层次直接给予学校等级认定，不再参加学校此项目的认定。

最后，公布学校认定结果，精准帮扶“未掌握 1~2 项运动技能”的学生尽快达标。宁夏长庆高级中学成功经验是实行“小教练制”，对鉴定未达标的学生进行帮扶辅导。

第二，实行“小教练制”，做到“即长即传”和“即短即学”。所谓“小教练制”，是指体育运动技能经学校鉴定达标的学生可以给未达标的学生当教练，即当“小教练”，采取兵教兵的方式尽快教会未达标学生掌握一项运动技能，这种方式就叫“小教练制”。“即长即传，即短即学”，第一个“即”是当下，第二个“即”是立即。“即长即传”的意思是当下有运动技能特长的 A 同学，马上传授给运动技能未达标的 B 同学。“即短即学”是指当下运动技能未达标的 C 同学，马上向有运动技能特长的 D 同学学习。“即长即传”“即短即学”就是兵给兵教、兵向兵学，目标为教会、学会。“小教练制”的教练和学员选择采取相互自愿、信任的原则。

第三，“小教练制”的理论依据。陶行知的“小先生制”是采取小孩教小孩、小孩教大人的方法推广实施的一种教育组织形式。毛泽东同志的兵教兵、官教兵、兵教官群众运动的练兵办法大大提高了部队的军事素养。杜郎口中学的“兵教兵”，即学生教学生，取得了普遍提升的效果。这种“兵教兵”是不同层次的学生相互帮助、相互合作。在教的过程中，基础差的同学有了技能上的提升，而基础好的同学在教其他同学的过程中又巩固了自己掌握的技能，同时也体验到帮助他人的快乐，这一过程还能加深同学间的友谊，使学生学会合作、乐于合作并善于合作。

三、“小教练制”实践经验

宁夏长庆高级中学在破解“学生掌握 1~2 项运动技能”方面，以校内实行体育运动技能达标鉴定、“小教练制”为工作突破口，做了大胆而有实效的尝试，取得了明显效果，同时积累了一些工作经验。

第一，体育运动技能达标设 A、B、C 三类，有利于达标学生再提高。给达标学生设置 A、B、C 三级，有利于已经掌握体育运动技能的学生追求更熟练、更高水平，也有利于学生上大学后在更高水平上达标，同时给未达标学生选择更适合自己的“小教练”提供参考。

第二，凡是有体育特长的都可以担任“小教练”。学校内，凡是经鉴定达标的学生都可以担任某项运动的“小教练”；体育老师和有某项特长的教师可以担任“小教练”。学校外，凡是有体育特长的运动员、教练员、家长、社会人士等都可以担任“小教练”。

第三，学校实行班包干达标，班级实行组包干达标，有利于对未达标的学生实行精准“干预”。体育运动技能达标鉴定、“小教练制”的目的就是真正实现“每个学生掌握 1~2 项运动技能”，让学生动起来。那么，如何促使未达标学生尽快完成至少掌握一项的要求呢？实现小集体达标，即学校实行班包干达标、班级实行组包干达标，“体育走班制”瞄准“每个学生熟练掌握一项运动技能”的教学，班主任盯住人人达标，都是一些好办法，同时也实现了校园内人人动起来的目的。

第四，将体育运动技能达标鉴定结果纳入“学生综合素质评价”项目，让每个学生不得不重视。

第五，尝试此套方法应用于音乐、美术等学科，让每个学生掌握 1~2 项艺术技能。学校在全面落实“每个学生掌握 1~2 项体育运动技能”的同时，积极尝试在 4 个班级开展“每个学生掌握 1~2 项艺术技能”工作，也取得了一定的成绩。

第四部分　媒体如此说

一名普通教师或者校长能成为教育家，一定和圣人一样，一辈子为实现“立德、立功、立言”而奋斗。然而真正称得上“立德、立功、立言”的完人却少之又少，但这并不妨碍后来者孜孜追求。在我看来，一个人难能可贵的是不懈追求而不在乎结果。我国社会心理学家邵道生说：“成功是人通过行动达到预期设想的愿望、任务和目标，人的愿望有大有小、任务有轻有重、目标有高有低，成功也有大小、轻重、高低之别，人生成功的核心是意义和价值。”邵先生对“立德、立功、立言”之“功”的定义太适合我们每个人了。关于成名，威廉·詹姆斯说：“人性中最深切的秉性是被人赏识的渴望。”回顾人类社会的发展历史，从古至今，人们对个人的名誉都是很重视的。当今社会，“立德、立功、立言”之“名”的范围广，绝不可轻视媒体宣传所带来的更广泛、更深刻的作用，正所谓“伯夷、叔齐虽贤，得夫子而名益彰”。

对这方苦土爱得深沉

张小明

邓树栋，固原二中副校长，高级物理教师，2001年9月第17个教师节，被评为全国优秀教师。

相约多次以后，记者见到了被人形容为“有一种带了岁月洗练、智慧润泽过气质”的邓树栋。

在细雨霏霏的初秋，在他的办公室里，他讲述了自己和他的教育事业。

不怕拼命怕平凡

1964年，邓树栋出生于固原县七营乡的一个普通农家，1980年9月考入宁夏大学物理系。在大学，贫穷几近吝啬的生活，“土”味儿十足的方言使他不时成为平原发达地区学生嘲笑的对象。那些日子在他的回忆里，如同火上煎熬。“对‘西海固’的不公和歧视让人沉思，我问自己，我们为什么这么穷，我们该如何改变？”

一次，他在一份权威资料上看到：“劳动力文化水平每提高1%，劳动生产率就提高 14%。”他记住了。

“西海固”穷，穷得吃不饱肚子。固然有土地贫瘠、灾害频繁等种种自然原因，但知识的匮乏、观念的落后，却在加重着灾难，泯没着改变和发展的希望。变天地因人而始，改变人则要靠教育。

邓树栋现在说起那一刻的顿悟，仍有些激动。“在余下的大学日子里，总有一种力量鼓舞着我。”

1984 年毕业，成绩出众的他去了固原二中——一个当时成立仅 12 个年头的中学。这一选择让身边不少人为他感到遗憾。“那时我非常明白自己想要什么。”

刚进二中，作为当时学校为数不多的本科生，他立即被压上了高一、高二 5 个班的重担。每天要备两种教案，平均每天要上 4 节课，要改 150 本作业，每周要上 5 个晚自习，每天只有 7 个小时的休息时间。他说那时的自己如同从早到晚转个不停的陀螺。

初登讲台的日子，比累更让他刻骨铭心的是困惑。不怕拼命怕平凡的邓树栋，在精心授课后，却在学生脸上看到了迷茫和失望。“那时我知道要做一名称职的教师还有很长的路要走。”

这之后，他一拜本地名师，不管是不是教物理的；二拜外地名师，用心研读他们的教学论文、教案；三拜课本为师，一遍又一遍地钻研教材；四拜学生为师，让学生在每天的作业上对自己的课堂教学提出批评性意见，并定期组织“评师会”。

他逐渐在学生脸上看到了释然和笑容。

1988 年起，他所带的班一般都有 30 多人考入大中专院校，考入北大、清华、复旦等名校的已有四五十人。1994 年到 1998 年，他教的学生物理高考成绩每年都超过自治区物理平均分 20 分。

教育要从学生的利益出发考虑问题

17 年教学生涯，10 年班主任，让他对教育有了切肤的感知。

“教育要从学生的利益出发考虑问题，个人的发展，对社会的适应、精神上的满足等。政府想把学生培养成爱国者，家长想把孩子培养成光宗耀祖的人，而教师却应明白，教育应以学生为本，使其健全、健康，而不是某种利益的特殊工具。”他沉思的目光看向窗外。

邓树栋说，教学生，最主要的是教给学生方法。多年实践，他探索出“降低起点、树立信心，降低难度、消化吃透”的授课思想和“低起点、小台阶、适量训练、及时巩固、勇于求异”的学习方法，这在“西海固”具有相当的推广价值。

教学生，最根本的是教给学生做人之道。做班主任，最主要的是培养学生的自尊心、自信心、上进心。“我尽力让每个学生成为好人，让他们明白，不是非赢不可，但一定不能错；不是非成功不可，但一定要遵从良知、良德。”

变则进，不变则意味着自杀

1992 年，教学出众的邓树栋出任固原二中教导处副主任。

20 世纪 90 年代中末期，“西海固”教育遭遇了前所未有的挑战，外界教育革新的浪潮拍岸惊天，教育理论和实践在变，教师在大量流失。快速而急猛的变化旋涡，使众多教育者茫然无措。

“变则进，不变则意味着自杀。”邓树栋对此十分坚定。

1995 年，邓树栋任新成立的校教科室主任。上任伊始，他提出“科研兴校”。这在当时无疑是特立独行的举动。

好的制度能使坏人干好事，而坏的制度却使好人干坏事。对此有深刻认识的邓树栋和其他校领导一起整理制定了适合学校的规章制度，科研、教学奖惩、分配、岗位管理等，激活了内部竞争活力。之后，学校高考升学率超过 50%。

持续数年的优秀教师外流，使固原二中师资队伍渐呈失血苍白之态。为使新进教师迅速成为补充血液，他会同学校各方，让新教师除了上汇报课外，还要听老教师的课，每学期不少于 10 次；为使有专长的老教师更多地把个人知识、经验传授给新教师，他建议学校分两次聘任了 55 名教研员，每名教研员要承担科研任务，还要带一名徒弟。

这种“带教制”使一大批青年教师脱颖而出。

网络等新兴传媒介质使知识更新更快。教师不及时触摸和把握，便会在教学中出现“以其昏昏，使人昭昭”的可笑情景。

“要当教育家，不当教书匠。”邓树栋力倡学校教师多读书（学校每年拿出 6 万元购买新书）、多写论文，不断更新知识结构，并以奖励制度做保障。

1995 年至今，固原二中已在省级以上的刊物发表论文 50 多篇。

邓树栋更是“身先士卒”，几年来，他在《宁夏教育》《宁夏日报》等报刊发表论文近 10 篇。2001 年，他撰写的《初中预备班学生与六年级学生对比调查及思考》一文在“首届中国素质教育科研之星擂台赛”中获一等奖。

时光悠悠，岁月漫漫，送去一届老生，迎来一届新生。快到中年的邓树栋说他会坚守“西海固”这片苦土。对此作解释时，他用了艾青的诗句：“为什么我双眼常含泪水，因为我对这片土地爱得深沉。”

干旱山区的一泓清泉

——记固原二中高级教师邓树栋

《宁夏教育》2003 年第 2 期

邓树栋出身于固原县七营乡的一个普通农民之家，1980 年 9 月考入宁夏大学物理系。在大学，尽管他学习成绩出众，但一想到家乡父老终年面朝黄土背朝天，却由于旱、虫、冻、雹等频繁的自然灾害而不得温饱，心里就隐隐作痛，他幻想有一双神奇的手为家乡人民带来和风细雨，带来五谷丰登。后来，他目睹宁夏川区人民科学种田，多种经营迅速过上了好日子，就想到一个地方穷，固然是由于自然环境恶劣，但也有着人知识匮乏、观念落后的因素，天地不好改变，人却能改变，而人的改变首先要靠教育。因此，他立下了献身山区教育、拔掉家乡穷根子的宏愿。

1984 年他以优异成绩毕业之时，面前可供选择的路比较多，可留银川，也可在教育行政部门或大中专院校谋职，但他毅然作出了令别人感到遗憾的选择——去当时成立仅 12 个年头的固原第二中学任教。在这里，他一待就是十几年。不是没条件调动，而是他不愿调动。因为，在这里，有他的人生追求，可以实现他的人生价值。

刚到固原二中，他作为当时学校为数不多的本科生，当即就被压上了高一、高二五个班的重担。苦啊！每天要备两套教案，平均每天要上四节课，要改150本作业，每周要上五个晚自习。可以说，他像一只转速很快的陀螺凭惯性从早到黑地转着，每天只有七个小时的休息时间。他的身体本来就瘦弱，在如此重压之下，出现了胃疼、眼睛昏花等病症，可他一个字也没给别人透露。有老教师关切地问他："小邓，你的脸色咋那么黄？"他开玩笑地掩饰说："我本来就是个'病关索'杨雄嘛。"小小疾病，奈我何哉！身体不适，邓树栋没有将其放在心上，他最忧心的是如何把课上好，上得师生轻松，上得师生带着期待开始，带着笑容结束。为了使自己成为一名称职的教师，他一拜本地名师（不管是不是教物理的），二拜外地名师（主要是阅读他们的教学论文、教案、教学实录，也赴外地听一些课），三拜课本为师（一遍又一遍地钻研教材），四拜学生为师（让学生在每天的作业本上对自己的课堂教学提出批评性意见，定期组织"评师会"，为自己找不足，提建议）。经过如此的苦练苦熬，他很快脱颖而出，成了学校物理组的佼佼者。第一届学生毕业后，他被学校任命为物理教研组组长，成为学校的骨干教师，物理组挑大梁的。

1984年至1994年，10年间他连续担任班主任，又代高三补习班的物理课，升学人数和单科成绩一直名列前茅。到目前，他到底教过多少学生，连他自己也说不清。他只清楚一点，只要在讲台上，就要不断地努力，让每一个学生都能接受先进思想，树立正确的人生观、世界观，力争让每一个学生都能明确自己的人生目标：即使做工务农，也要活出个人样来，不能让十几年寒窗苦读白白浪费。经过他的教导，不少学生虽未入大学门，却自强不息，成为社会的有用之才。1988级学生付永智和袁国庆，一个是固原市的木材商人，拥有200多万元资产，招用农民劳工十几人；一个是固原市首家汽车租赁公司的创办人，拥有十几辆轿车，招收下岗职工十几人。

十几年的教学生涯，十年的班主任工作经历，他始终像一泓清泉滋润着他的学生。1988 级（3）班有名学生，虽有考大学的潜力，可物理成绩偏低。她苦恼、急躁，越死钻而越不得长进，因此失眠、失望，整体成绩下滑。邓老师帮她一起分析原因，发现她听课缺乏独立思考的习惯，因而上课能听懂，但做题错误多，考试成绩低。他对症下药，一是让该生上课多找老师的“漏洞”，不被老师的话牵着鼻子走；二是课后只做少量的题，并写出详细的思考过程，然后师生共同讨论，寻找新的解决问题的思路、方法；三是有意识地让该生与同学就某一物理问题进行辩论，锻炼她的求异思维和独立思维。经过一段时间的“治疗”，这位同学终于“柳暗花明又一村”，迎头赶上，后来考入了兰州大学。

教学生，最主要是教给学生学习方法。邓老师系统地学习了教育学、心理学、信息论、控制论，掌握并推广过布鲁姆的目标教学法、东北师大的分层教学法。结合实际，他还探索出降低起点、树立信心，降低难点、消化吃透的“两降低”授课指导思想和“低起点、小台阶、适量训练、及时巩固、勇于求异”的学习方法。

教学生，最根本的是教给学生做人之道。邓老师总结说，做班主任，最主要的是要培养学生的三心：自尊心、自信心、上进心。培养自尊心，就是要使贫困生、成绩差的学生、有残疾的学生确信“彼人也，我亦人也，彼能做到，我亦能做到”；让学生明白人的健全在于心理的健全，人生价值在于被他人尊重。培养自信心，就是让学生确信“我可能不是考大学的料，但我能做一个好公民，天生我材必有用”。培养上进心，就是让学生明白“机遇永远垂青踏实苦干的人，不付出，就没有收获的可能”。实际上，他自身就是“三心”的最好注释。十几年来，他坚守着固原二中，从事着自己最为珍爱的事业，他不能违背自己为改变固原的穷面貌而矢志不渝的誓言。

爱的誓言要用爱的心血去实现。十几年来，邓树栋不但以精湛的教学艺术培养了一茬又一茬学生，更以博大的爱心感化了一茬又一茬学生。尽管他生活算不上宽裕，但他常为贫困学生 30 元、50 元地垫支费用，为学生送药请医。当学生还钱时，他总说：“等你自食其力以后再还我吧。”

1992 级有一名叫王治忠的学生，父母离婚后和母亲相依为命，失去了求学的信心。邓老师及时发现了这个苗头，家访后，及时向校领导作了汇报，为王治忠争取到困难补助金 600 元，自己又掏出 100 元，解决了他一个学年的上学费用，更重要的是鼓励了该生。这名学生化感激为动力，苦学精进，考入了华东师大。

“是您，为我擦亮了眼睛；是您，给我鼓起了风帆；是您，滋润了我干涸的心灵；是您，将一块顽石打磨成了材料。”这是王乐牛同学写给邓老师的诗，也是邓老师所有弟子们的心语。而邓老师呢，他说当老师是他唯一的追求，学生是他的所爱。

邓树栋：最动听的称呼是“老师”

《宁夏日报》2015 年 5 月 15 日　尚凌彬

天再冷，也要每天 6 时 40 分准时起来和学生一起跑操；再累，也要每晚陪着学生自习。对邓树栋而言，只要和学生们在一起，都是快乐的事情。

30 年来，无论当代课老师、班主任，还是担任教科室主任、副校长，邓树栋始终认为，最动听的称呼就是“老师”，最幸福的事业就是陪伴学生们一起成长。

2003 年 8 月，宁夏六盘山高级中学成立，邓树栋被选调到该校任教科室主任。他抓住 2004 年宁夏被列为首批新课程课改实验省区这一机遇，主持创建了教学反思制度、教学问题悬挂招标制度等，有针对性地为山区孩子设置独特的教学计划和适合学生发展的课程。他和同事组织编写了各学科全套几十种《课堂导用》，开设校本课程 50 余种，建立校本课程基地 7 个，开阔了学生的视野，发展了学生的兴趣和个性特长。很快，学校的教学质量大幅提升。

担任六盘山高级中学副校长以来，邓树栋更加关注学生的全面发展。

他提出要“培养视野开阔、做事大气、充满自信的现代学生”，让高中孩子像大学生一样选修各类课程。《红楼梦》诗词鉴赏、话剧表演、新闻采访与写作、动漫插画…… 这些对高考“无用”的校本选修课程被写入教学计划；全区青少年体育大赛、先进事迹报告会…… 这些与教学成绩“无关”的活动经常在六盘山高级中学开展。邓树栋知道，这些对孩子们成长有用，“山区孩子需要开阔眼界、增长见识”。

邓树栋认为，教好学生，最重要的是培养“三心”：自尊心、自信心、上进心。他让贫困生、成绩差的学生、残疾学生确信“彼人也，我亦人也，彼能做到，我亦能做到”；“我可能不是考大学的料，但我能做一个好公民，天生我材必有用”；“机遇永远垂青踏实苦干的人，不付出，就没有收获的可能”。

邓树栋的一位学生给他写了一首诗：“是您，为我擦亮了眼睛；是您，给我鼓起了风帆；是您，滋润了我干涸的心灵；是您，将一块顽石打磨成了材料。”邓树栋说，这是对他最好的评价。

信仰的力量

——邓树栋：用心做山区学子的造梦人

银川市电视台 2022 年 5 月 9 日报道

距离高考还有一个月时间，邓树栋每隔几天就会和学生们谈谈心，了解他们的近况，给即将走进考场的孩子们加油打气。

邓树栋是宁夏长庆高级中学校长，也是这几个孩子的“第二家长”。在长庆高中，每个党员教师都充当着学生的“第二家长”。

在长庆高级中学，不少学生的家长长期工作于石油开采一线，一个月难得回几次家，学生只能由爷爷奶奶照顾，属于“准留守学生”。

担任“第二家长”的老师除了日常教学工作，肩上还多了一份责任。老师需要充分了解学生的家庭情况，对“准留守学生”进行特别关注，对学生学业、生活、品行、心理等各个方面进行指导，让这些孩子在父母外出工作时也能感受到更多陪伴，从而使学生各方面得到全面发展。这是邓树栋教学多年来形成的特色教学经验，无论走到哪里，这条经验就会带到哪里。

邓树栋出生在固原一个普通的农民家庭，从高中起，他便向往着三尺讲台。1984 年，邓树栋以优异的成绩从宁夏大学物理系毕业，面临众多选择，他毅然决定返乡从教。

刚到固原二中，邓树栋作为当时学校为数不多的本科生，平均每天要上 4 节课，要改 150 本作业，每周还要上 5 个晚自习。为了使自己成为一名称职的教师，他不断向有经验的老教师取经，还经常让学生提出批评性意见，组织“评师会”，改善教学方法。就这样，邓树栋很快就脱颖而出，第一届学生毕业后，他被学校任命为物理教研组组长，成为学校的骨干教师。

在 2000 年前后的“西海固”，只能保证义务教育阶段的孩子能有学上，高中教育资源严重匮乏。当时在这个约有 180 万人口的地区，只有 13 所高中学校，而且一个孩子高中一年的学费、住宿费、生活费加起来平均要两三千块钱，这对很多家庭来说是一笔巨大的开支。邓树栋在固原二中执教的 19 年间，用自己的工资资助了不少贫困学生，但一个人的力量始终有限，许多学生考不上高中、考上了没钱上，让邓树栋心里十分难受。

山区要发展，教育要优先。2003 年，为了让山区学生能和城市孩子一样站在同一条起跑线上，享受同样的优质教育，一所面向“西海固”地区招生的优质高中——六盘山高级中学在银川建成。学校向所有招收的山区学生免收学费、住宿费，并且每年为每名农村户口的学生补助1000元生活费。邓树栋应聘到这所“山区孩子的城市学校”，担任教科室主任。

面对来自四面八方的教师，邓树栋以校本教研为抓手，组织“人人展示，开放课堂，人人反思，教研评议”等教学活动，不仅让大家获得了学习和交流的机会，而且使学校的校本培训走到了宁夏前列。

然而，在教学过程中邓树栋发现，这些孩子性格相对内向，不善言辞，在离家几百公里的地方，考试失利、同学矛盾、思念家人等都有可能给他们带来极大的情绪波动。如何让远离父母的孩子们既能安心愉快地学习、生活，又能拓宽视野、挖掘潜能，成为邓树栋当时最关心的问题。

邓树栋主张建立心理咨询室，调进来几个专业的心理咨询老师，通过了解，发现有问题的学生，并且针对这些学生，让心理老师想方设法跟他们进行交谈，让学生们有倾诉的对象。

想要成为学生的倾诉对象，就要获取学生的信任。邓树栋鼓励老师们一起多关注学生的心理变化，多和学生沟通交流，了解学生最新的动态，再通过专业的心理咨询师，帮助学生解开心结。看到学生们的改变，邓树栋将心理健康教育作为一项重要的教学活动，开办心理知识讲座、开展“第二家长”活动、举行丰富多彩的课外活动释放压力等，不仅使学生的心理问题得到解决，而且学校升学率也逐年攀升。

因为出色的工作成绩，邓树栋先后执教于宁夏大学附属中学、宁夏育才中学、长庆高级中学，他将这些先进的教学方法带到了每所学校。而多年从事贫困地区的教育事业，让邓树栋更加明白教育的最终目的是育人、成才、培养全面发展的综合型人才。

从事教育事业38年，其中34年都在和贫困地区的学生打交道。作为教育扶贫的主要阵地，六盘山中学和育才中学帮助5万多名山区孩子实现了大学梦，而邓树栋始终在用心做那个山区学子的造梦人。

工作38年来，邓树栋最大的幸福就是培养了一批又一批学生。在今后的工作中，他想为家乡培养更多的人才，让更多的人走出大山。

风景这边独好

邓树栋先生编著的新书《十年课改我们走了多远》即将付梓，委托我代为写序。拜读之后，感慨万千，一时间觉得要说的话很多，思忖再三，就从三个方面谈谈吧。

一

与树栋结识，源于普通高中新课程改革。在风起云涌的2004年，他作为一名学校分管教研的副校长，我作为分管全市课改启动的教科所副所长，从“主客二分”两个方面论，让我们二人多了一些缘分，正可谓“志同道合”“相与为谋”也。

他是一个十分勤奋而执着的人，生活上十分简朴，其貌不扬，凡事爱思考，勤于动笔，靠着“勤能补拙”的信念，在教育教学研究上已有不俗的业绩。2011年，欣闻他评上了自治区特级教师，我于心中默默称庆，谓实至名归。

看到他的书稿，让我生出唏嘘之感。对比之下，看到“敬业”“执着”“勤勉”上的差距，油然想到我“廉颇老矣尚能饭否”，原计划想以《普通高中新课程改革——理想与现实之间的矛盾与冲突》为题，写一本书稿，书之目录已列好，只因精力、意志不及，久已搁浅，若“假吾天年十载”，我尚“壮志可酬”。树栋的新作，正好是我近十年的夙愿，如今我的“遗恨”却被树栋填补。

二

宁夏六盘山高级中学建校于新世纪之初，如今声名鹊起，形成了较为丰富的办学理念和内涵，有着独树一帜的学校文化。缘于普通高中课改，我曾经带领银川市教科所团队两次深入该校听课调研，与金存钰、树栋等学校领导交谈时共鸣甚多，还曾被金校长邀请为全校教师作专题讲座。事后也曾参与学校关于选修课教学的研讨活动，由此结识了曹效琴、梅继红、龚新民、王晓东等名师。曾记得在高中课改进展得如火如荼，但又“最难将息”的2004年下半年到2005年上半年，所有进入课改的普通高中学校领导与教师都充满了焦虑困惑时，六盘山高中不畏险阻，勇于实践探索，率先蹚出了一条基于校本实践能够坚定走下去的路，让课改于实践中见到了曙光。我从银川市23所高中（不含民办高中）上交的交流汇报材料中，发现六盘山高级中学的实践探索经验最具含金量。于此时确信，他们一定会在课改的起跑线上领跑并遥遥领先。有幸言中，果然在2007年新课程背景下的第一年高考中，六盘山高中成为一匹“黑马”，杀出困难之重围，取得了骄人的成绩。就在人们为之激动时，中央电视台《焦点访谈》栏目以《山村孩子的城市学校》为题，报道了六盘山高中这一不啻为“爆炸性”的新闻。从此，“六盘山”课改经验不胫而走，声名远扬。

于此前后，我不止一次向树栋同志索取他们课改过程中的材料。深谙他们《课堂导用》的编写、三年大课表的排定、学生研究性学习的探索与实践以及类于洋思中学“四清”的推行（内容形式有一定的不同，不是学习模仿的模板翻制），让我更多地“知其所以然”。如今不俗成绩的取得，验证了“宝剑锋从磨砺出，梅花香自苦寒来”的格言。

同为课改起步且实施，缘何会产生较为明显的地域性差异？思考良久，窃以为是“土壤”所致。“土壤”是“良田”还是“薄地”，决定了是“丰收”还是“歉收”，是过上“多元文化”的日子，还是过“紧巴巴”疲于应付高考的日子，形成了学校与学校之间一种不啻为“鸿沟”的差距。同为“天时”，六盘山高中赢在了“地利”和“人和”上。六盘山高中于课改之前已形成“物竞天择”的气候，名师云集，于招兵买马中荟萃了八方精英，形成了“海阔天空”的智力交融优势。新学校在管理上“好画最新最美的图画”，更利于实施并彰显特色。这一切为课改“天时”的到来蓄势待发，打下了得天独厚的基础。课改以降，学校领导班子敏锐地把握住挑战与发展的机遇，认真策划课改整体推进过程，悉心分析所面临的困难，制定有效实施的每一个过程，精心面对具体实施中的每个细节，不敢说事事未雨绸缪，但做到了用生命去负责，用热情来转化，从而走过了三年为一轮的发展期。在“二轮”课改中，他们化被动为主动，总结了首轮三年推进过程中的成败得失，找到了自信，找到了主动谋求科学发展的抓手，终于迎来了后几年愈加快速发展的机遇。在后一阶段，学校从丰富内涵、科学发展和跨越发展的视角，构建了开放生成的教育空间，请来了全国知名教育专家学者做“慧眼”，用教育科研做保障，在认准了的高远目标上，做出理性而专注的努力，进一步夯实了课程改革自我谋求发展基于“校本”的策略，使学校管理、教育教学质量以及学校文化的构建等方面再上新台阶。

六盘山高中课改 8 年来的发展，还得益于有一支志同道合的教师队伍。这支队伍中的大多数，都有着很好的专业积淀，在学校科学有序的校本培训与研修中，教师头脑中又被植入了理念的种子，构建了一个在“校长管理文化”理念导引下的“客观共同体”，形成了“所见略同、心领神会、步调一致、敢于创新”的教师文化。他们基于对学校发展目标坚定不移的认定，深谙课程改革方向、途径的“愿景”，继而构建起“个性化”的教学理念，脚踏实地地践行于课堂教学、班级管理、师生交往等，形成了科学而和谐的执行力。

六盘山高中在课改推进过程中的显著成就，还取决于他们得天独厚的“学生文化”。他们的生源，绝大多数是来自宁夏南部山区的孩子，亦有同宗同源的从南部山区“吊庄”到银川周边地区的生态移民子女。面对这批学生，学校在面对空间封闭的寄宿制管理的“无奈”的同时，并没有全天候地把他们封闭于学校中，而是从关爱教育、情感教育入手，温暖全体学生因背井离乡而生发的寂寞、孤独的心灵。每个班主任或任课教师，都义不容辞地承担起家长的责任，让孩子感受到家庭般的温暖，从而能够安心学习。学校充分发掘山区孩子吃苦耐劳、刻苦勤奋的优秀品质并使之发扬光大，很快形成了学校蔚为大观的“为改变命运而读书，为实现理想而奋斗”的学习精神，呈现出每天两个“六点半”（早读、晚读）的感人场景；呈现出白天书声琅琅、夜晚灯火通明的浓郁求学氛围。针对学生的心理特点，学校坚持开展研究性学习活动和开设通用技术课，组织丰富多彩的学生社团活动和社会实践活动，让看似封闭管理的时空“内热”起来，营造出开放的教育格局，迅速扩大了山区孩子的思维视野，提升了他们学习的认知水平和动机水平。2007 年高考“黑马”现象的出现，就是这种扬长避短做法的结果。

三

最后言归正传，说说这部书。

我相信，阅读这部书，每一个悉心、潜心走过课改历程的教育人，都会生发出“身在此山中”的情景感与亲切感。书中所展现出的不同时期“改革者们”所经历的喜怒哀乐、酸甜苦辣，一一再现于人们的眼前。“忆往昔，峥嵘岁月稠。”从这个意义上讲，这本书是用心血凝成的，是多年如一日“作”出来的。“写”于此则隐而不见，是“大音希声，大象无形”。

这是一部长于“口述史”的书。树栋先生专门用口述史的方法构建内容，用心可谓良苦。但是非同一般的是，这部书中的访谈对象，都是一个个有着教育之根、文化之根的知识分子，书中呈现的诸多内容，都是对教育理念、教育思想与教育情怀（情结）的真实描述。近于口述风格的呈现特征只不过是一种艺术的表现手法而已，从而使内容的展现如历历在目，增强了阅读的亲切感，也增加了人们阅读时的可信度。

这是一部长于“案例”的书。8 年课改中，每一个阶段，每一项重大举措的部署与实施，都原汁原味地呈现出来，都在用案例说话，这种基于历史时空的“现在时”呈现，给人以身临其境之感。在“信达雅”写作三要素中，侧重于给人“信”的真实感。过来人，唤起了沧桑的感觉；未经历者，也能体验到“来之不易”的艰辛。

这是一部 8 年课改历史的档案。对于六盘山高中，称之为“十年磨一剑”也不为过，为此作者用了整整一章的篇幅，写了他们未雨绸缪为课程改革做准备的过程。8 年过程的沧海桑田，由热情到沉稳，由感性到理性，由惶恐到澄明，由被动应对到主动构建，一步一个脚印，给读者留下了清晰的足迹。

这是一部内涵丰富的课改教科书。虽然呈现的事件过程以普通高中新课程改革实验为主题、为主线，但它是流动的历史时空下的“这一个”。它告诉人们，任何一种改革必须立足于现实，没有放之四海而皆准的教条。改革只有在因地制宜的现实状况下才能开始与发展，“适者生存”是不二法则。我们通过阅读能够感受到，学校关注的是院篱之内的事，深谙自己的困难，提出自己的问题，找出解决的方法，总结自己的成败，制定自己不断发展的目标方向，为学校的生存、发展、提高、丰富而“稻粱谋”。六盘山高中把课改的推进与学校内涵发展的思路整合起来，在课改主线上，辐射出丰富的内涵思想，从而逐渐呈现出日趋厚重的学校文化格局与态势。

还须指出并希望同仁引起重视的一点——这是一部具有化石般价值的书。书中所陈列的大量表格（册），应视为心血的结晶，而不是枯燥的文字（数字）堆砌。作为普通高中教育的同仁，尤其要从中得到分析与借鉴。如不断优化与完善的课程表（从高一到高三的变化），学生选课指导手册的成型，《课堂导用》编撰的立意，研究性学习方案的制订与评估，学分认定的动机与策略、实施及评价等，这些看似最原始的东西，往往是衡量一所学校能否把课改最终演变为常规的重要见证。这些样本，都视为课改能否成为校本实践并推进学校发展的证据，于枯燥、沉闷中隐含着推进过程中跋涉的艰辛，看出一所学校管理过程中系统运转的效果。

最后谈一点补充意见：一是对 8 年课改可否有一个理性的反思，可考虑安排于最后一章“结论”之中。高中课改理想与现实的矛盾冲突，这是我思考多年的一个问题，恐怕也是课改发起部门或领导思考了多年的一个问题。站在基层学校人的角度，也应思考一下课改推进中的“近忧”与“远虑”。二是对理论的高度概括与总结。于每章结束时是否能有一个较为厚重的表达，以使大量的口述史、丰富的案例依托于一个有根的主旨上。三是在不影响思想内涵厚重的基础上，让原生态的内容再缩缩水，使文字力求简洁，不繁芜庞杂。相信著作呈现在广大读者眼前时，会有所改观。

勉为从命，难以胜任。试从知人（作者）、知面（学校）、知心（书之立意）三个方面解读，而未必能达到这三个境界。权作抛砖引玉之文字，以帮助每一位关心课改、了解课改并悉心走过课改之路的同仁走进这本书时，有一个好的状态。通过“他山之石”，得出自己的“玉”。

王玮光

2012 年 11 月 4 日清晨

圆满是一个自我追寻的过程

我和邓树栋是很有缘分的。20 年前宁夏回族自治区党委、政府创办宁夏六盘山高中时我们相遇，我们是六盘山高中创办、建设的参与者、实践者。在我们的共同努力下，六盘山高中平稳起步，并在三到五年的时间里，办学规模、办学声誉、社会效应达到了空前的高度。在 2007 年第二届学生毕业前夕，我调到宁夏大学附属中学任校长，他在六盘山高中升任副校长，之后又升任宁大附中党委书记。我后来又调到宁夏育才中学任党委书记、副校长，之后他调到宁夏育才中学任校长。2019 年初我调任宁夏特殊教育学校书记，2020 年 9 月又调任宁夏长庆高中党委书记，他于 2021 年 9 月又调任宁夏长庆高中校长。我们结缘 21 年，在同一所学校共事 7 年，工作配合默契，关系和谐愉悦。可以说，这 7 年是我工作生涯中最愉快、最自在的一段时光。

邓树栋同志的教育人生是极其圆满的。在 40 年的从教生涯中，从一名最基层、最普通的教师、班主任做起，到教研组组长、教务和教科研室主任，再到副校长、校长、党委书记，实践经验极其丰富，一路获得自治区骨干教师、特级教师、正高级二级教授职称。从获得的荣誉上来说，自治区313人才、自治区政府特殊津贴获得者、自治区9·10教育奖章、教育部表彰的全国优秀教师、中共中央国务院表彰的全国先进工作者。这些职称、荣誉，教师获得其中一项都是一生难以企及的，而邓树栋“大满贯”式地收揽于一身，确实是极其光荣和圆满的。作为同龄人和同事，我对他取得的教育成就也是极其羡慕的。

我读了邓树栋新著的《我的校本教育思考》书稿，深深地感到，邓树栋之所以有一个圆满的教育人生，在于他40年的教育经历是一个主动参与、主动反思、自我追寻的过程。他有当“教育家”的梦想，但他没有陷入空想，也看清了“速成”的荒诞，于是一边大量地学习、阅读，思考什么是教育家应有的样子，一边倾听内心的声音，建立自己教育经历中的不同场景，并与教育、管理角色联结，深深地扎根在不同的学校、不同的角色、不同的教育对象、不同的教育实践中。像一棵大树一样扎根于大地，顺着生命的内在节奏成长，同时亲近经典，自我反思、自我追寻，终于成就了自我及我们大家心中教育家的模样。是的，教育家是要有思想的，这思想是经验的升华，经验是靠实践获得的，实践的动力来自于我们的初心，也即我们人生最初的梦想。邓树栋同志的教育人生正是在最初的梦想的指引下，扎根于最真实、最生动的教育实践，不断自我总结经验、自我反思升华、自我寻觅追求而达到圆满的。

阅读他的书稿，就像我用一面镜子来反观我自己。书稿中记载的许多教育场景和教育事件，我们是共同的谋划者、决策者、亲历者、见证者。场景是那样的熟悉，感受是那样的亲切，经过是那样的真实。有些题材也许我也看到了，有些感悟也许我也曾灵光一闪，但我基本上用沉默遗忘和工作生活的惯性来打发日子。交流时高谈阔论，闲暇时追求舒坦，遇到困难时怨天尤人，不能深入现场地搜寻、体验，也不能利用休息的时间思考、写作，所以我永远也不可能写出像《我的校本教育思考》这样的好作品。好在这本书给我们再现了从前共同经历的好风景，再一次用教育家的视角重新拍摄，让我们看到了另一片更好的风景。

《我的校本教育思考》是一本自传体式的教育随感录，全书在结构安排上，以自己亲历的鲜活的教育场景为背景，以自己不同时期发表或未发表的作品为载体，以介绍、表达自己质朴鲜活、带有“泥土味”然而很深刻的教育思想为主线，串起了“我要做个教育家”“我的校本教育思想”“求解‘知行合一’最大值”“媒体如此说”四个板块。每个板块又贯穿一条主线，从自己的“奋斗史”“进步史”到“想法+实际”校本思想，再由重新定义“知行合一”思想，对自己做事、当校长有重大影响的观点、思想进行提炼升华，最后以“媒体如此说”——实际上是社会、学生、家长对其教育成就和教育思想的认可和赞扬为终结。中间四条小主线串起、构成了他教育思想的大主线，表明自己教育思想的形成有着坚实的实践逻辑和严谨的理论思维逻辑。四个部分的写作，采取自叙自己感想认识和当时代表作品的形式，两者结合，互相穿插，夹叙夹议，读起来有一种真实感、亲切感和深邃感。邓树栋是学理科出身的，但他的文字功底、选择材料的眼光以及掌握时空转换的调动能力都是非常强的。正是由于他全面的文化素养，他将40年的教育经历和凝练清晰的教育思想娓娓道来，让人读后有身临其境之感，有心灵净化之感，有思想升华之感。这部书就是一座美丽的拱桥，四个部分就是四个牢靠而精致的桥拱，共同撑起承载着象征邓树栋坚实而丰富教育人生的桥面，桥面上闪耀着其校本教育思想的灵光，这灵光在照亮他自己的同时也将会照亮我们更多的教育同行。

我读这本书是很愉悦的，也是很感动的。天天和邓树栋相处，我对他再熟悉不过了，一言一行、一举一动，我们气味相投。他是一位沉静内敛、质朴真诚的同事，我也认可同仁们对他“人实在、有思想、有韧性”的评价，总感觉和一个好人在一起工作心里很踏实。正因为太熟悉，才会觉得平常，从而忽略，有时觉得他和我、和大多数教师一样，就是一位平凡而普通的教师而已。但当我读完《我的校本教育思考》，我深深地感到，这本书不仅书写了他个人的奋斗史、成长史和成就史，展现了他想做个教育家的人生成长史、思想成熟史，而且他以极大的真诚关注内在自我，彰显自我本真，写出了一个普通教育工作者的心灵成长史。我作为同行，阅读后是极其愉悦的、感动的。愉悦的是在邓树栋所取得的成就中也看到了我的影子，也有我取得成就的一部分；感动的是邓树栋所提炼的教育思想和生命感受也同样能拨动我心中那根生命之弦，产生教育人生的共鸣。

一个书者，能让作品呈现出不一样的风景，能通过对自我当下生活的反思、对教育实践的反思、对教师个体生存状态及生活意义的追问，有一定的哲理思考，那么他的作品就有了存在的理由。我认为这本书为我们所有在一线工作的教师、校长、教育工作者，回答了这样一个问题：我们普通教师如何像教育家一样工作和生活？在日常的工作和生活中，我和很多教师一样，经常烦恼、抱怨、焦虑甚至挣扎，经常表现出忙碌、无序、机械甚至疲惫的负面状态，特别对当下的无所适从以及功利化管理带来的无限内卷和疲惫，早已将正常的教育工作和生活异化，教师在面对每天繁重的教学任务的同时，也同样要面对自己内心的迷失感、无助感、无聊感、厌倦感，今天的教师需要对自己的生活状态有一种反思。阅读《我的校本教育思考》，我们会发现邓树栋的教育人生与我们一样普通、平凡，同样承受着生活和工作的压力，但他对教育执着追求的爱与信仰从未动摇，总是在琐碎的工作和生活中发现乐趣、智慧等一些美好的东西，并上升为自己的教育思想。他描述的“教育王国”里的教育生活会令我们无限向往，同时也是我们每一位教育工作者突破生存困境，像教育家一样工作和生活的一剂良药。因此我期待这本书尽快出版，也期待广大教育工作者能够幸运地阅读到这本书，帮助我们成为一名教育家。

阅读完书稿，心里很坦然、很踏实，在我退休后或更长的时间里，当我回忆我这一生到底都干了什么，一时说不清或想不起来时，当我的孩子、亲戚、朋友突然问我你教了一辈子书，有什么成就时，我不会无奈，也不会恐慌，我会坦然、从容地把这部书轻轻地从书架上取下，徐徐打开，慢慢地品味或向他人娓娓道来。

即将结束这篇短文时，忽然想起邓树栋同志明年就要退休了。他退休后，卸任了职务，离开了学校，远离了教师和学生，脱离了教育的真实场景，还会继续思考教育问题吗？还会继续追寻“我要成为一个教育家”的梦想吗？答案不得而知。但我想起了《论语》中，孔子曰：“子奚不为政？”子曰：“《书》云‘孝乎惟孝，友于兄弟，施于有政’。是亦为政，奚其为为政？”于是，我有了答案，邓树栋退休后，会以他深厚的人文修养和教育思想影响身边和他亲近的每一个人，使他们都能够找到自我成长和发展的内在力量。

他仍然会追寻他的教育家梦想。

朱文璋

2023 年 6 月 15 日